Udo Ehrich studierte Politikwissenschaften an der Universität Bielefeld und untersuchte in seiner Master-Arbeit die interessengebundene Ideenagentur Initiative Neue Soziale Marktwirtschaft. Zu diesem Thema verfaßte er auch das Buch »INSM & Co.«.

http://www.politikfelder.de/

Udo Ehrich

Die Dreyfus-Affäre, der Hitler-Putsch und die 131er

Antisemitismus und Drittes Reich

Udo Ehrich

Bibliographische Information der Deutschen Nationalbibliothek: Die Deutsche Nationalbibliothek verzeichnet diese Publikation in der Deutschen Nationalbibliographie; detaillierte bibliographische Daten sind im Internet über www.dnb.de abrufbar.

Impressum:
© 2019 Udo Ehrich
1. Auflage

Umschlagphoto: © 2013 Udo Ehrich
Das Photo zeigt den Übergang von der Straßenbahnhaltestelle zur Universität Bielefeld.

Herstellung und Verlag:
BoD – Books on Demand, Norderstedt
http://www.bod.de/
ISBN 978-3-7528-5521-0

Inhaltsverzeichnis

Einführung ins Buch

In diesem Buch versammeln sich drei Seminararbeiten im Studium der Politikwissenschaften in Bielefeld aus den Jahren 2005 und 2009, die thematisch zueinander passen. Der Bogen wird geschlagen von der Dreyfus-Affäre von 1894, in deren Rahmen der jüdische Offizier Alfred Dreyfus Opfer einer antisemitischen Haltung in Staat und Militär des Frankreichs des ausgehenden 19. Jahrhunderts wird, die zu einem historischen Fehlurteil führen, über den Versuch Adolf Hitlers, sich an die Macht zu putschen bis hin zur personellen Aufarbeitung des Dritten Reiches bei der Polizei.

In allen drei Fällen haben wir es mit Fehlurteilen der Justiz zu tun. So ließen sich die Richter in der Dreyfus-Affäre von falschen Beweisen leiten sowie der in Staat und Gesellschaft vorhandenen antijüdischen Stimmung. Die Entdeckung des französischen Geheimdienstes, daß ein Verräter im Militär geheime Unterlagen an den deutschen Botschafter Max von Schwartzkoppen weiterleitete, setzte die Ermittler unter Druck. Erfolge mußten her, und so wurde der Weg eingeschlagen zu einem der bekanntesten Justizversagen der europäischen Geschichte. Daß Alfred Dreyfus Jude war, begünstigte in der antisemitischen Atmosphäre in Staat und Gesellschaft, daß er zum Justizopfer wurde. Er wurde für fünf Jahre auf die Teufelsinsel verbannt und erst spät völlig rehabilitiert, während der eigentliche Spion von Militär hofiert wurde.

Vergleichbare Motive, wenn hier auch nicht Antisemitismus, leiteten das Gericht Jahre später in Deutschland zu einem historischen Fehlurteil. Demokratiefeindlichkeit und falsch verstandener Patriotismus brachten den Volksgerichtshof München I dahin, Adolf Hitler nach seinem Putschversuch zu einer lächerlich milden Gefängnisstrafe zu verurteilen, statt ihn nach Österreich auszuweisen. Richter Neithardt ließ die Angeklagten endlose agitatorische Monologe halten und verurteilte sie zu Haftstrafen, statt die Ausweisung zumindest Adolf Hitlers anzuordnen. Auch in diesem Fall setzten sich althergebrachte Traditionen sowie die tiefe innere Ablehnung der Weimarer Demokratie in Verwaltung und Justiz durch und führten zu einer historischen Weichenstellung, die Deutschland in das dunkelste Kapitel seiner Geschichte führen sollte.

Kollektives Versagen der Justiz läßt sich auch bei der Aufarbeitung der NS-Vergangenheit in der Nachkriegszeit diagnostizieren. Weil viele alte Kameraden den Übergang von der Diktatur in die Demokratie nach 1945 weitgehend unbeschadet überstanden, bildeten sich in der Polizei - und auch in der Justiz - alte Seilschaften, die gemeinsam dafür sorgten, daß die Aufarbeitung der NS-Vergangenheit weitgehend scheiterte. Viele derjenigen, die im Dritten Reich zu Amt und Würden kamen, konnten ihre Karrieren nach dem Krieg mit weitgehend nur kurzen Unterbrechungen fortsetzen. Dabei geholfen hat die Politik und die deutsche Gesellschaft, die nach dem Krieg eine tiefe Sehnsucht nach einem Schlußstrich unter die NS-Vergangenheit hatte, die in einer kollektiven Verdrängung des Vergangenen mündete.

Alle drei Fälle zeigen, daß Staat, Verwaltung, Justiz und Gesellschaft stets die Weichen stellen und darüber (mit)entscheiden, wohin die Reise geht. Sie zeigen auch, daß historische Ereignisse nicht nur von Einzelnen bestimmt, sondern von politischen und gesellschaftlichen Stimmungen abhängig sind. Antisemitismus, mangelnder Unterstützung der Demokratie durch die Verantwortlichen in Staat und Gesellschaft sowie ein übersteigerter Patriotismus führten zu Fehlentscheidungen, die im Ergebnis die diese in Frage stellten. Wenn Fehlurteile öffentlich skandalisiert und Entscheidungen korrigiert werden, spielt dabei stets eine Rolle, wie sich die

Öffentlichkeit zu diesen Ereignissen stellt. Es ist das Wesen einer funktionierenden Demokratie und Öffentlichkeit, daß sie Politik und Justiz auf die Finger schaut und Fehlurteile sowie falsche Entscheidungen korrigiert.

In den heutigen Tagen ist viel von „Weimarer Verhältnissen" die Rede. Der wesentliche Unterschied zu damals liegt jedoch darin, daß heute Justiz und Verwaltung überwiegend das staatliche System unserer Demokratie tragen und deren Maßstäbe und Werte verinnerlicht haben. So läßt sich durchaus auch erklären, daß zum Beispiel im Fall des Verfassungsschutzpräsidenten Maaßen, der nach den rechtsradikalen Ausschreitungen in Chemnitz keine rechten Hetzjagten auf Ausländer sehen und ein entsprechendes Video als Fälschung bezeichnete, am Ende doch seines Amtes - gegen den anfänglichen Widerstand des zuständigen Ministers - enthoben wurde, nachdem er in einer Rede Einblick in seine problematische Gesinnung gezeigt hat. Nicht nur der Widerstand der mitregierenden Sozialdemokraten gegen diese Personalie, sondern auch die öffentliche Empörung über diesen Mann fegten ihn aus dem Amt. Es sind solche Mechanismen, die in den Fällen, die in diesen drei Seminararbeiten dargestellt werden, fehlten.

Welche Rolle spielte der Antisemitismus in der Dreyfus-Affäre von 1894?

Seminararbeit vom 19. März 2009

1. Antisemitismus in der Dreyfus-Affäre - Einführung

In dieser Arbeit soll die Alfred-Dreyfus-Affäre in Bezug auf den Antisemitismus, der der Affäre zugrunde liegt, untersucht werden. Dabei soll der Blick besonders auf die Momente gerichtet werden, in denen der Antisemitismus den Verlauf der Affäre beeinflußt oder gar steuert.

Hierzu soll zunächst ein Blick auf die Situation in Frankreich im unmittelbaren Vorfeld der Affäre geworfen werden. Anschließend werden die wesentlichen Stationen der Affäre zusammengefaßt werden. In einem zweiten Schritt wird ein Überblick über die Entwicklung des Antisemitismus in Frankreich im Allgemein gegeben und schließlich die Dreyfus-Affäre daraufhin geprüft, in welchem Rahmen der Antisemitismus in Frankreich den Gang der Dinge beeinflußt hat. Hierbei wird auch untersucht, welche antisemitischen Mechanismen gewirkt haben und in welchem Verhältnis sie zu sonstigen Motiven standen, die der Generalstab für sein Handeln im Rahmen der Dreyfus-Affäre hatte.

In einer Schlußbetrachtung wird noch ein Blick darauf geworfen, welche Auswirkungen die Dreyfus-Affäre weitere Entwicklung hatte.

2. Frankreich im Vorfeld der Dreyfus-Affäre

Frankreich war schon im Vorfeld der Dreyfus-Affäre von mehreren Krisen geprägt. Da war die Niederlage von 1870, als dessen Folge das Elsaß und weite Teile Lothringens von Deutschland annektiert wurden sowie hohe Zahlungen an Deutschland geleistet werden mußten.[1]

Die Monarchisten hatten nach den ersten Wahlen eine große Mehrheit errungen. Aber weil sie nicht nur mit den Folgen des verlorenen Krieges zu kämpfen hatten, sondern auch unter sich zerstritten waren, welche monarchische Linie den Thron besteigen sollte, kam es nicht zu einem Sturz der Republik.[2]

In den 1880er Jahren festigte sich die Republik. Die regierenden Koalitionsregierungen bemühten sich darum, die Verwaltung mit repbublikfreundlichem Personal zu besetzen. Die Armee rekrutierte sich jedoch weiterhin selbst, und so kam die Modernisierung in der Armee nur langsam voran, denn sie wurde von den alten, meist aristokratischen Eliten bestimmt, die sich nicht für die Republik interessierten.[3] Demokratisierung und Modernisierung setzten sich in der Armee nur langsam und zumeist gegen den Willen der Militärführung durch.[4]

Verschiedene Skandale erschütterten das Frankreich im Vorfeld der Dreyfus-Affäre. Der Zusammenbruch der Bank Union générale und der spätere Panama-Skandal

---

[1] vgl. Zimmermann, Detlev: Eine Bewährungsprobe für die Republik. S. 34
[2] vgl. ebd.
[3] vgl. Duclert, Vincent: Die Dreyfus-Affäre. S. 10f
[4] vgl. ebd. S. 11

kosteten vielen Kleinsparern ihre Ersparnisse. Die Bank Union générale war von einem ehemaligen Angestellten der Familie Rothschlid gegründet worden und in den Panama-Skandal waren auch jüdische Geschäftsleute verwickelt. Beide Vorfälle boten Antisemiten in Frankreich Stichworte für ihre judenfeindlichen Agitationen.[5] In diesem Klima veröffentliche Edouard Drumont sein Buch »La France juive« (»Das verjudete Frankreich«) und gründete 1892 seine eigene antisemitische Zeitung »La Libre Parole« (»Das freie Wort«).[6]

Die gesellschaftlichen Veränderungen ließen auch andere Institutionen nicht unberührt. Die katholische Kirche in Frankreich sah sich durch die Republik in ihrer gesellschaftlichen Bedeutung bedroht. Allerdings rief Papst Leo XIII. die französischen Katholiken auf, »sich mit der Republik auszusöhnen, um ihren Einfluß geltend zu machen«.[7]

Insgesamt blieb die Zeit jedoch geprägt von einem tiefen Mißtrauen gegenüber Deutschland und der Sorge vor einem weiteren Krieg, weswegen die Sektion für Statistik im Kriegsministerium nicht nur die Funktion der Spionageabwehr hatte, sondern selbst auch Spionage gegen Deutschland und dessen Verbündeten Italien betrieb[8]. Die Sektion für Statistik unterstand General Gonse, stellvertretender Chef im Großen Generalstab und wurde von Oberst Sandherr geleitet, dessen direkter Mitarbeiter Major Henry war.[9] Dies war auch die Konstellation in der Sektion, als die Dreyfus-Affäre ihren Anfang nahm.

---

[5] vgl. Benbassa, Esther: Risse im Franco-Judaismus. S. 22
[6] vgl. ebd. S. 23
[7] Duclert, Vincent: Die Dreyfus-Affäre. S. 9
[8] vgl. ebd. S. 11
[9] vgl. ebd. S. 12

3. Die Dreyfus-Affäre – Ein Überblick

Am 15. Oktober 1894 wurde der Hauptmann der Artillerie Alfred Dreyfus unter der Beschuldigung des Landesverrates festgenommen. Er sollte dem deutschen Militärattaché Max von Schwartzkoppen geheime Informationen über Waffen und Truppenbewegungen zugespielt haben. Die konkreten Vorwürfe wurden Dreyfus zunächst jedoch vorenthalten, und auch seine Familie wußte zunächst nicht, warum er verhaftet wurde.

Der Auslöser der Verhaftung war ein Begleitbrief, den eine Putzfrau, die sich in der deutschen Botschaft durch Spionage für Frankreich einen Nebenverdienst verschaffte, im Papierkorb Schwartzkoppens gefunden hatte und der unter dem Namen »Bordereau« bekannt wurde.[10] Nachdem Major Henry den zerrissenen Brief zusammengesetzt hatte, benachrichtigte er sofort seine Vorgesetzten, die die Ermittlungen in Gang setzten.[11] Die Analyse der Handschriften durch unterschiedliche Experten führte zu unterschiedlichen Ergebnissen.[12] Weil aber inzwischen insbesondere durch die Zeitung »La Libre Parole« des Judenhassers Edouard Drumont die Verhaftung Dreyfus' gefordert wurde und die weitere Presse allgemein Druck auf den Generalstab ausübte, reichte die vermeintliche Ähnlichkeit der Handschriften aus und Alfred Dreyfus wurde vor ein Kriegsgericht gestellt.[13] Dort wurde er unter Ausschluß der Öffentlichkeit zu lebenslanger Verbannung und zur

---

[10] vgl. Zimmermann, Detlev: Eine Bewährungsprobe für die Republik. S. 36
[11] vgl. Duclert, Vincent: Die Dreyfus-Affäre. S. 26
[12] vgl. Dickler, Gerald: Prozesse, die Geschichte machten. S. 14f
[13] vgl. Berger, Michael: Der Fall Dreyfus. S. 56 und Zimmermann, Detlev: Eine Bewährungsprobe für die Republik. S. 36

Degradierung verurteilt.[14]

Alfred Dreyfus indes beteuerte stets seine Unschuld, hatte jedoch anfangs nur seine Familie auf seiner Seite sowie seinen Anwalt Demange, der nach Einsicht in die Akten die dünne Beweislage sofort erkannte.[15]

Einige Monate nach der Verbannung Dreyfus' fand in der Sektion für Statistik ein wichtiger Personalwechsel statt: Colonel Sandherr schied wegen Krankheit aus und der Major Georges Picquart wurde Chef des Nachrichtenbüros.[16] Picquart hatte den Fall Dreyfus für den Generalstab verfolgt und war von dessen Schuld überzeugt. In seiner Funktion als Chef des Nachrichtenbüros geriet ihm ein zerrissener Behördenbrief, ein »petit bleu« in die Hände, den die französische Spionin ebenfalls aus dem Papierkorb Schwartzkoppens eingesammelt hatte. Dieser Brief war an einen Offizier namens Esterházy adressiert.[17] Picquart meldete den Fund seinen Vorgesetzten und diese gingen, wie er, davon aus, daß es einen zweiten Spion gab. Picquart wurde mit den Ermittlungen zu Esterházy beauftragt, der ein ausgesprochen unsolides Leben führte und dabei ständig in Geldnot war.[18]

Während seiner Ermittlungen fand Picquart heraus, daß die Handschrift des Major Esterházy identisch war mit der auf dem Bordereau, wegen dem Alfred Dreyfus verurteilt wurde. Er teilte diese Erkenntnis seinen Vorgesetzten mit und empfahl die schnelle Bereinigung des Justizirrtums.[19] Daran waren seine Vorgesetzten jedoch

---

[14] vgl. Berger, Michael: Der Fall Dreyfus. S. 56
[15] vgl. Dickler, Gerald: Prozesse, die Geschichte machten. S. 18
[16] vgl. Duclert, Vincent: Die Dreyfus-Affäre. S. 36
[17] vgl. ebd.
[18] vgl. Zimmermann, Detlev: Eine Bewährungsprobe für die Republik. S. 38
[19] vgl. Duclert, Vincent: Die Dreyfus-Affäre. S. 37

nicht interessiert: Sie bedrängten Picquart, nichts über seine Entdeckung zu sagen. Als dieser sich weigerte, wurde er nach Tunis versetzt. Während eines Urlaubs vertraute Picquart seine Erkenntnisse als Testament seinem Anwalt Leblois an und wies ihn an, das Testament im Falle seines Todes dem Präsidenten der Republik zu übergeben.[20] Leblois wandte sich an den Senator Auguste Scheurer-Kestner, der seinerseits an Dreyfus' Unschuld glaubt und in dieser Sache eigene Untersuchungen angestellt hatte.[21]

Inzwischen hatte eine Zeitung ein Faksimile des Bordereaus veröffentlicht. Alfred Dreyfus' Bruder Mathieu fertigte Kopien an und verteilte diese. Der Börsenmakler de Castro bekam eine dieser Kopien in die Hände und erkannte die Handschrift seines Kunden Esterházy. Er setzte sich mit Mathieu Dreyfus in Verbindung, so daß dieser nun den Namen Esterházys kannte. Mathieu Dreyfus suchte Scheurer-Kestner auf, der ihm den Namen Esterházys bestätigte.[22] Nun forderte Mathieu Dreyfus vom Generalstab die Verfolgung Esterházys und die Freilassung seines Bruders, dessen Unschuld nun erweisen sei. Als dies zu nichts führte, wurde Esterházy von der Familie Dreyfus öffentlich beschuldigt, Verfasser des Bordereaus zu sein.[23] Ein Kriegsgerichtsverfahren gegen Esterházy erschien unumgänglich. Zwar wurde er zunächst bereits durch eine Untersuchung des Generals de Pellieux entlastet, schließlich wurde er jedoch vor ein Kriegsgericht gestellt – und unter Ausschluß der Öffentlichkeit freigesprochen.[24]

Bereits am Tag nach Esterházys Freispruch bot der Romancier Emile Zola dem Herausgeber der Zeitung

---

[20] vgl. ebd.: S. 43
[21] vgl. ebd.: S. 44
[22] vgl. Duclert, Vincent: Die Dreyfus-Affäre. S. 49
[23] vgl. ebd. S. 50
[24] vgl. ebd. S. 52f

L'Aurore seinen Brief an den Präsidenten der Republik an. In diesem Brief rekonstruierte Zola die Affäre und übernahm zugleich rhetorisch die Rolle des Staatsanwalt, indem er unter anderem den Generalstab der Vertuschung anklagte sowie die Kriegsgerichte der Rechtsbeugung.[25] Der Herausgeber und spätere Premierminister Frankreichs, Clemenceau, fand den passenden Titel: »J'accuse…!« - »Ich klage an!«.[26]

Als Folge des Artikels wurde Zola – wie von ihm beabsichtigt – angeklagt, jedoch nicht wegen des gesamten Artikels, weil das die Möglichkeit der Revision des Dreyfus-Verfahrens eröffnet hätte. Statt dessen wurde er angeklagt, weil er dem zweiten Kriegsgericht vorgeworfen hatte, auf Befehl einen Schuldigen freizusprechen.[27] Im Rahmen des Prozesses wurde Zola verurteilt und anschließend von seinen Freunden überredet, nach England zu fliehen.[28]

Wenig später brachten die Wahlen in Frankreich erneut Veränderungen in der Regierung. Der neue Verteidigungsminister Cavaignac thematisierte die Dreyfus-Affäre erneut vor der Kammer und erklärte, daß der Brief Panizzardis, der an den deutschen Militärattaché Schwartzkoppen gerichtet war, Dreyfus' Schuld beweisen würde.[29] Kurz nach seiner Rede fand Hauptmann Cuignet, der mit der Untersuchung der Dreyfus-Akten beauftragt war, heraus, daß gerade dieses Schreiben eine Fälschung war.[30]

Cavaignac verfolgte nun die Fälscher und stellte Colo-

---

[25] vgl. Zimmermann, Detlev: Eine Bewährungsprobe für die Republik. S. 41
[26] vgl. ebd.
[27] vgl. Duclert, Vincent: Die Dreyfus-Affäre. S. 59
[28] vgl. Dickler, Gerald: Prozesse, die Geschichte machten. S. 29
[29] vgl. Duclert, Vincent: Die Dreyfus-Affäre. S. 63
[30] vgl. ebd. S. 64

nel Henry zur Rede, der von Anfang an in die Dreyfus-
Affäre verwickelt war. In Gegenwart Cavaignacs und
seines Vorgesetzen de Boisdeffre gestand Henry
schließlich, das Schreiben gefälscht zu haben. Er wurde
verhaftet und brachte sich in seiner Zelle um.[31]

Ein Revisionsverfahren zugunsten Alfred Dreyfus' war
nicht mehr zu vermeiden. Es wurde im Jahr 1899 vom
Kassationsgericht an das Kriegsgericht in Rennes ver-
wiesen, welches es trotz der erdrückenden Beweislage
für Dreyfus' Unschuld nicht fertigbrachte, ihn freizusprechen. Statt dessen wurde er wegen Hochverrats
unter mildernden Umständen zu zehn Jahren Haft verurteilt und kurz darauf vom Präsidenten der Republik
begnadigt.[32]

Die endgültige Rehabilitierung Dreyfus' sollte erst 1906
stattfinden. Am 12. Juli annullierte der Kassationsge-
richtshof das Urteil des Kriegsgerichts in Rennes und
rehabilitierte Hauptmann Dreyfus.[33] Wenige Tage später
wurde er zum Ritter der Ehrenlegion geschlagen und im
Rang des Majors wieder in das Heer aufgenommen.[34]

Georges Picquart, der im Verlauf der Affäre selbst
mehrmals ins Gefängnis gesperrt wurde, wurde befördert und unter dem Präsidenten und früheren Herausgeber der L'Aurore Georges Clemenceau zum Kriegsminister ernannt.[35]

---

[31] vgl. Zimmermann, Detlev: Eine Bewährungsprobe für die Republik.
S. 44
[32] vgl. ebd.
[33] vgl. ebd.
[34] vgl. ebd. S. 45
[35] vgl. Kotowski, Elke-Vera: Der Fall Dreyfus und die Folgen. S. 32

4. Die Dreyfus-Affäre und der Antisemitismus

Im Folgenden soll nun untersucht werden, inwiefern sich die Dreyfus-Affäre mit antisemitischen Mechanismen erklären lassen kann. Dabei soll auch ein Blick auf die unterschiedlichen Wahrnehmungen der Beteiligten in der Affäre geworfen werden.

4.1. Unterschiedliche Formen des Antisemitismus

Der Antisemitismus, der in Frankreich im Vorfeld der Dreyfus-Affäre herrschte, speiste sich aus unterschiedlichen Quellen. Es handelte sich nicht um einen in der Motivation einheitlichen Antisemitismus, sondern es herrschte in den verschiedenen Gruppierungen der Bevölkerung ein Antisemitismus vor, der sich aus unterschiedlichen Motiven speiste. Dies überrascht angesichts des Umstandes, daß die Juden in Frankreich vorbildlich assimiliert waren und sich selbst als Franzosen bis hin zu französischen Patrioten betrachteten. »Im Jahr 1895 gab es mindestens sieben aktive jüdische Generale, 14 Obristen, mehr als 150 Stabsoffiziere und ca. 200 Subalternoffiziere«.[36]

Während jedoch in der Dritten Republik Frankreichs die Verwaltung durch die neuen Regierungen mehr und mehr republikfreundlich gestaltet wurde, verblieb das Militär ein Erbe des vergangenen Regimes. Hier besetzten im Wesentlichen monarchistisch gestimmte Adlige die höheren Ränge, die zur Republik kein inneres Verhältnis aufbauten, sondern weiterhin die Restauration der Monarchie anstrebten.[37]

---

[36] Berger, Michael: Der Fall Dreyfus. S. 49
[37] vgl. ebd. 52f

Der im Militär bestehende Antisemitismus wurde durch die antisemitischen Kampagnen der »La Libre Parole« von Edouard Drumont noch angeheizt. Kampagnen gegen Juden in der Armee verschärften den Haß auf brillante jüdische Offiziere. Es kam diesbezüglich auch zu einigen Duellen, von denen auch Drumont selbst einige zu bestreiten hatte.[38] So wurde er vom Hauptmann Crèmieu-Foa im Namen von dreihundert jüdischen Offizieren zum Duell herausgefordert als Reaktion auf die Angriffe auf die jüdischen Offiziere durch dessen Zeitung.[39]

Eine weitere Einrichtung, die der Republik und der Demokratisierung ablehnend gegenüber stand, war die katholische Kirche, die um ihren Einfluß in Staat und Gesellschaft fürchtete. Die katholische Kirche machte die Juden für ihren Bedeutungsverfall in der Republik verantwortlich. Hier entstand »ein Gebräu aus christlichem Judenhaß der Konservativen und des Klerus«.[40]

Wenngleich auch Juden in der Armee Karriere machten, wurden sie von den monarchistisch-klerikal eingestellten Vorgesetzten jedoch nicht gerne gesehen. Insofern war einigen von ihnen auch der Hauptmann Dreyfus als erster jüdischer Offizierspraktikant im Generalstab ein Dorn im Auge.[41]

Eine weitere Strömung des Antisemitismus stellte jener der Sozialisten in Frankreich dar, die gegenüber dem Kapital und den damit zusammenhängenden Banken mißtrauisch gegenüber standen, und die empfänglich waren für die entsprechenden antisemitischen Klischees. Hieraus könnte sich auch erklären, weshalb sich die Sozialisten anfangs damit schwer taten, Dreyfus zu

---

[38] vgl. Duclert, Vincent: Die Dreyfus-Affäre. S. 13
[39] vgl. Berger, Michael: Der Fall Dreyfus. S. 55
[40] Berger, Michael: Der Fall Dreyfus. S. 54
[41] vgl. ebd. S. 51

unterstützen.[42]

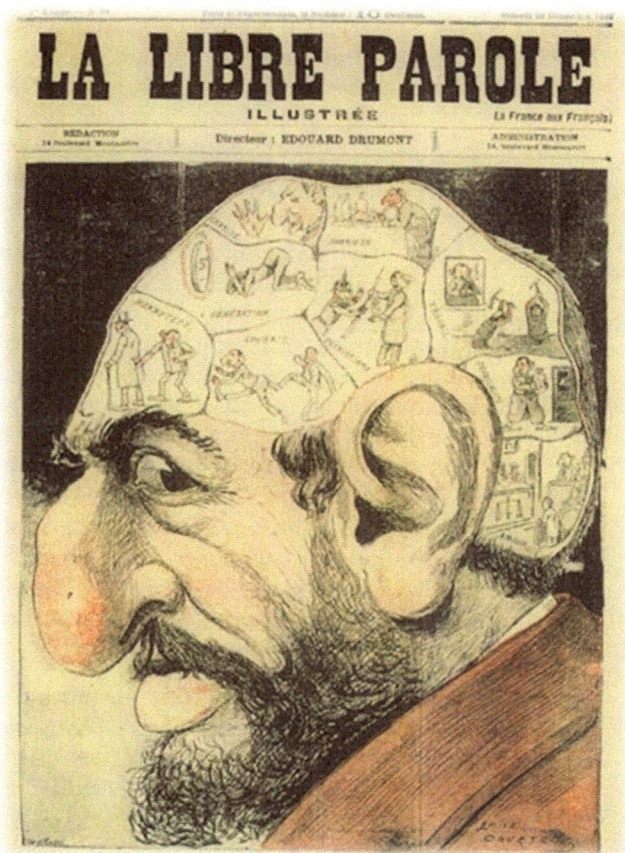

Abbildung 1: Titelbild der La Libre Parole

Als die katholische Banque Union Generale zusammen-
brach, die von einem ehemaligen Angestellten der Fa-

---

[42] vgl. Benbassa, Esther: Risse im Franco-Judaismus. S. 21

milie Rothschild gegründet wurde, beschuldigten zahlreiche antisemitische Publikationen das Finanzjudentum, verantwortlich für den Bankrott und damit für die Verluste vieler Kleinsparer zu sein.[43]

Der im Vorfeld der Dreyfus-Affäre einflußreichste antisemitische Propagandist dürfte Edouard Drumont gewesen sein, der zunächst mit seinem Buch »La France juive« (Das verjudete Frankreich) und später mit seiner Zeitung »La Libre Parole« (Das freie Wort) bekannt wurde.

In seinem Buch »La France juive« verband Edouard Drumont verschiedene Strömungen des Antisemitismus miteinander. »Die Rolle von Drumonts Buch bei der Entstehung des modernen Antisemitismus ist gar nicht zu überschätzen, vor allem, weil es eine Synthese zwischen herkömmlichen und »wirtschaftlichem« Antisemitismus, Rassismus, Okkultismus und christlichem Antijudaismus zog, daher sein großer Publikumserfolg«.[44] Mit seiner Zeitung »La Libre Parole« konnte er indes täglich den Antisemitismus in Frankreich anheizen und war damit auch – zusammen mit den anderen Zeitungen wie »La Croix« oder »Le Pèlerin«, die entweder ebenso ausgerichtet waren oder den Antisemitismus aufgriffen – recht erfolgreich.

Drumont erhob mit seiner Zeitung den Anspruch, den Panama-Skandal aufgedeckt zu haben, bei dem insbesondere viele Kleinsparer um ihr bescheidendes Vermögen gebracht worden waren. Die Panama-Gesellschaft, die den Bau des Panama-Kanals durchführen wollte, ging infolge des Umstandes, daß das Projekt undurchführbar war, bankrott. Hinzu kam, daß aus Mitteln der Gesellschaft Politiker bestochen wurden, um öffentliche

---

[43] vgl. Berger, Michael: Der Fall Dreyfus. S. 54
[44] Duclert, Vincent: Die Dreyfus-Affäre. S. 14

Kredite zu gewähren, sowie die Schwierigkeiten der Gesellschaft zu vertuschen.[45] Drumont schlachtete insbesondere den Umstand aus, daß einige führende Leute, die in den Skandal verwickelt waren, Juden waren. Sie bestätigten seine Sicht, »daß die Juden ganz Frankreich an sich rissen«.[46]

Für die Frage der Verankerung des Antisemitismus in der breiten Bevölkerung dürfte der Panama-Skandal ebenfalls eine wesentliche Rolle gespielt haben. Insbesondere konnte Drumont erneut an das Klischee des Finanzjudentums anknüpfen, welches dem sozialen Antisemitismus zuzuordnen ist. Neben zahlreichen beruflichen Einschränkungen für Juden führte auch das kanonische Zinsverbot für Christen dazu, daß schon im Mittelalter viele Juden im Bereich des Geldverleihs und des Handels tätig wurden.[47]

Eine weitere wesentliche Rolle letztlich auch in der Propaganda der Veröffentlichungen Drumonts spielte der »rassistische Antisemitismus«, welcher Juden generell negativ bewerte, eine Einschätzung, die sie auch durch Verhaltensänderung oder gar Abkehr vom jüdischen Glauben nicht ändern konnten.[48] Die Darstellungen von Juden auch in den Karikaturen in der »La Libre Parole« wiesen durch die vermeintlich typisch jüdische Physiognomie rassistische Merkmale auf (vgl. Abbildung 1 auf Seite 19).

Insofern fiel die Dreyfus-Affäre in einen nicht mehr ganz so latenten Antisemitismus, der aus unterschiedlichen Quellen gespeist wurde.

---

[45] vgl. Dickler, Gerald: Prozesse, die Geschichte machten. S. 10
[46] Dickler, Gerald: Prozesse, die Geschichte machten. S. 10
[47] vgl. Pfahl-Traugber, Armin: Ideologische Erscheinungsformen des Antisemitismus. S. 7
[48] vgl. ebd. S. 8

4.2. Spuren des Antisemitismus in der Dreyfus-Affäre

Die bisherigen Ausführungen zeigen, daß der Antisemitismus in der Zeit, zu der die Dreyfus-Affäre stattfand, in der Bevölkerung und auch in den Eliten des aristokratischen Militärs verbreitet war.

Oberst Sandherr, der Leiter der Sektion für Statistik, war Antisemit wie viele Offiziere im Generalstab auch. Alfred Dreyfus war der erste jüdische Offizier im Generalstab. Seine Aufnahme als Offizierspraktikant fand entgegen den antisemitischen Vorbehalten seiner Vorgesetzten statt. So verbanden sich letztlich die verschiedene Eigenschaften Dreyfus' zum idealen Verdächtigen: Er war Jude und kam aus Mulhouse, war also Elsässer und damit quasi Deutscher, was ihn zum idealen Verdächtigen für einen Verrat französischer Militärgeheimnisse an Deutschland machte.[49]

Sandherrs Einschätzung hinsichtlich der Schuld Dreyfus' wurde vom Generalstab geteilt, denn auch hier herrschte neben den klerikal-nationalistischen Überzeugungen der gleiche Antisemitismus vor wie beim Chef der Sektion für Statistik.[50]

Ein weiterer Faktor war die antisemitische Presse. Hegte der Generalstab noch Zweifel, ob eine Anklage gegen Dreyfus von Erfolg gekrönt sein könnte, trieb ab Ende Oktober insbesondere die »La Libre Parole«, aber auch andere französische Zeitungen den Generalstab vor sich her und forderte die Verhaftung und Verurteilung von Dreyfus, der bis dahin nur in Untersuchungshaft saß. Die antisemitische Hetze zahlreicher Zeitungen vergif-

---

[49] vgl. Kotowski, Elke-Vera: Der Fall Dreyfus und die Folgen. S. 26
[50] vgl. Zimmermann, Detlev: Eine Bewährungsprobe für die Republik. S. 36

tete das Klima und machte einen fairen Prozeß undenkbar (vgl. ebd.).

Der Kriegsminister General Mercier, der zuvor von der Presse beschimpft und auch nach den Beobachtungen und Einschätzungen des deutschen Militärattachés Max von Schwartzkoppen vor der Ablösung stand,[51] wurde von der antisemitischen und nationalistischen Presse wegen seines Vorgehens gegen Dreyfus als Held gefeiert.[52]

Die deutsche Seite dementierte beharrlich jeden Kontakt zu Dreyfus, was diesen in den Augen der Antisemiten und der Offiziere nur noch verdächtiger machte, nahmen sie doch an, daß Deutschland seinen Spion decke.[53]

Hier zeigt sich, daß nicht nur der Antisemitismus eine wesentliche Rolle gespielt hat, sondern auch die Angst vor einem weiteren Krieg mit Deutschland, in dessen Rahmen das Deutsche Reich hätte vollenden können, was es mit der Annektierung des Elsaß begonnen hatte.

Zu einem besonderen Höhepunkt des Antisemitismus geriet die öffentliche Degradierung Dreyfus'. Die Degradierung fand auf dem Hof der Ecole Militaire statt. Vor den Abordnungen der Regimenter der Pariser Garnison wurde das Urteil verlesen. Anschließend wurden Dreyfus die Schulterstreifen heruntergerissen und sein Säbel zerbrochen, während hinter den Absperrungen der Mob antisemitische Beleidigungen gegen Dreyfus schleuderte, der vor den versammelten Regimentern seine Unschuld beteuerte.[54]

Die Kommentierung der Degradierung in der Presse war von Antisemitismus geprägt. Auch bei gemäßigten

---

[51] vgl. Kotowski, Elke-Vera: Das corpus delicti. S. 31
[52] vgl. Kotowski, Elke-Vera: Der Fall Dreyfus und die Folgen. S. 27
[53] vgl. Berger, Michael: Der Fall Dreyfus. S. 58
[54] vgl. Duclert, Vincent: Die Dreyfus-Affäre. S. 19

Zeitungen bestimmten antisemtisch eingestellte Autoren wie Leon Daudet im »Figaro« die Inhalte der Kommentare.[55]

In dieser ersten Phase von der Verhaftung bis zur Degradierung zeigte sich, daß der Antisemitismus stets eine wesentliche Rolle gespielt hatte: Dreyfus war nicht einfach nur Verräter, er war ein jüdischer Verräter, und seine jüdische Herkunft ließ keinen Zweifel an seiner Schuld zu, was er auch tat. Ob er nun schwieg oder seine Unschuld beteuerte, alles wurde als Indiz für seine Schuld gedeutet.

Mit der Verbannung Dreyfus' auf die Teufelsinsel war jedoch die Welle der antisemitischen Kampagnen in Frankreich nicht beendet. Bestärkt durch den Erfolg, einen jüdischen Verräter der Verurteilung zugeführt zu haben, setzte sich die antisemitische Kampagne in der Presse fort.[56] Auch im Parlament wurde gefordert, die Juden im Innern des Landes zu konzentrieren, weil dort die Gefahr des Verrats geringer wäre.[57]

Dies alles geschah, obwohl sich die Juden im Fall Dreyfus sehr zurückgehalten hatten: Zum einen, weil sie die antisemitische Kampagne fürchteten, die ihnen vorwerfen könnte, sie verteidigten einen Verräter, weil er Jude sei, zum anderen, weil auch viele von der Schuld Dreyfus' überzeugt waren.[58] Dreyfus-Anhänger gab es nach der Verurteilung und Verbannung nur wenige, und diese hatten praktisch keine Öffentlichkeit.

Die zweite Phase der Affäre wird dadurch eingeleitet, daß Major Picquart zum Chef der Sektion für Statistik ernannt wird, nachdem Oberst Sandherr wegen einer

---

[55] vgl. ebd.
[56] vgl. Duclert, Vincent: Die Dreyfus-Affäre. S. 21
[57] vgl. ebd. S. 22
[58] vgl. Berger, Michael: Der Fall Dreyfus. S. 56

schleichenden Paralyse aus gesundheitlichen Gründen ausscheiden mußte. Dies bewirkte in der Arbeit der Sektion zunächst keine wesentlichen Änderungen, auch im Fall Dreyfus nicht. Picquart, selbst Antisemit, hatte den Fall für den Generalstab verfolgt und kannte sich daher mit diesem aus. Zum Zeitpunkt des Verfahrens war Picquart von der Schuld Dreyfus' selbst überzeugt.

Seine Entdeckung, daß der Bordereau von Esterházys Hand geschrieben worden war sowie weitere Ermittlungen brachten ihn zu der Überzeugung, daß Dreyfus unschuldig und Esterházy der eigentliche Täter war. Er trug diese Erkenntnisse seinen Vorgesetzten vor und empfahl, Dreyfus mit einem Revisionsverfahren freizusprechen und statt dessen Esterházy zu verurteilen.[59] Dies jedoch lehnten seine Vorgesetzen ab, wobei die Motivlage gemischt gewesen sein dürfte: Auf der einen Seite wollte man den Irrtum nicht zugeben und damit führende Leute im Generalstab und im Ministerium nicht kompromittieren,[60] auf der anderen Seite spielte auch hier der Antisemitismus eine Rolle: Was könne Picquart der Jude auf der Teufelsinsel kümmern? Wenn er schweige, würde es niemand erfahren, erklärten ihm seine Vorgesetzten.[61]

Die Auseinandersetzung zwischen Major Picquart und seinen Vorgesetzen nahm die später folgende Auseinandersetzung in der französischen Gesellschaft voraus. Jedoch stand in dieser Auseinandersetzung weniger der Antisemitismus zur Diskussion als die Generationsprobleme, die sich im Militär ergaben zwischen den sich modernisierenden Militärs, zu denen Picquart zählte, und jenen, die noch dem alten Regime anhingen.[62]

---

[59] vgl. Dickler, Gerald: Prozesse, die Geschichte machten. S. 23
[60] vgl. ebd.
[61] vgl. Duclert, Vincent: Die Dreyfus-Affäre. S. 39
[62] vgl. ebd. S. 40

Die nächste Welle massiven Antisemitismus' wallte während des Prozesses gegen Emile Zola auf, der sich an den Freispruch Esterházys anschloß. Nach dem Freispruch Esterházys durch ein Kriegsgericht unter erneutem Ausschluß der Öffentlichkeit verfaßte der Romancier Emile Zola seinen berühmten Brief an den Präsidenten der Republik über die Dreyfus-Affäre, der in der Zeitung »L'Aurore« mit dem Titel »J'accuse...« - Ich klage an – veröffentlicht wurde. Auf der Grundlage dieses Artikels wurde Emile Zola vor Gericht gestellt.

Die Verhandlung wurde von massiven antisemitischen Ausschreitungen nicht nur in Frankreich sondern auch in Algerien begleitet, wo jüdische Geschäfte zerstört wurden und es viele Verletzte gab.[63]

Während Zolas Anwalt Labori versuchte, Dreyfus zu verteidigen, bemühte sich der Richter in der Verhandlung diese auf die Passage in Zolas Artikel zu beschränken, die sich mit den Richtern Esterházys befaßte.[64] Im Verlauf dieses Prozesses an sich läßt sich der Antisemitismus schwer nachweisen. Letztlich handelten die Protagonisten der Armee in ihrer Vertuschung bereits routiniert, waren sie doch weiterhin nachhaltig daran interessiert, die Dreyfus-Affäre als abgeschlossenen Fall zu behandeln, zumal jene, die vor Gericht aussagten, selbst in die Fälschungen und Täuschungen verwickelt waren.

Zola wurde im Prozeß zwar verurteilt, dennoch führte der Prozeß und die anschließende – wenn auch nicht ganz freiwillige – Aufdeckung der Fälschungen durch den neuen Kriegsminister Cavaignac zur Revision des Dreyfus-Prozesses.[65] Das Kassationsgericht wies dem Kriegsgericht in Rennes die Revision des Prozesses

---

[63] vgl. Kotowski, Elke-Vera: Der Fall Dreyfus und die Folgen. S. 31
[64] vgl. Duclert, Vincent: Die Dreyfus-Affäre. S. 60
[65] vgl Zimmermann, Detlev: Eine Bewährungsprobe für die Republik. S. 44

zu.[66]

Im Vorfeld der Revision kam es erneut zu einer antisemitischen Kampagne, die besonders durch die Zeitung Drumonts betrieben wurde. Die neue Regierung wurde nach altem Muster beschuldigt, sich dem »jüdischen Syndikat« dienstbar zu machen und aus Rücksicht auf die Juden die Freisprechung des Verräters Dreyfus zu betreiben.[67] Dieses von verschiedenen Zeitungen geschürte antisemitische Klima mag neben dem Umstand, daß das Gericht die ehemalige Armeeführung nicht kompromittieren wollte, dazu beigetragen haben, daß das Kriegsgericht in Rennes, obwohl Dreyfus' Unschuld doch erwiesen war, ihn wegen Hochverrats aber mit mildernden Umständen zu zehn Jahren Haft verurteilte.[68]

Wenige Tage darauf wurde Dreyfus durch den Präsidenten begnadigt. Das Urteil hatte auch internationale Empörung hervorgerufen. Frankreich sah sich mit zahlreichen Boykottandrohungen der im Jahr 1900 stattfindenden Weltausstellung konfrontiert.[69]

4.3. Die Rolle des Antisemitismus aus Sicht der Dreyfus-Anhänger

In gewisser Weise ist es schwierig zu beurteilen, welche Rolle die Frage des Antisemitismus für die Dreyfus-Anhänger und auch Dreyfus selbst spielte, zumal es in erster Linie um die Aufklärung des Justizirrtums und der ungerechtfertigten Verurteilung Dreyfus' ging. Zwar spielte für diese der Antisemitismus eine zentrale Rolle,

---

[66] vgl. Duclert, Vincent: Die Dreyfus-Affäre. S. 73
[67] vgl. Dickler, Gerald: Prozesse, die Geschichte machten. S. 34
[68] vgl. Zimmermann, Detlev: Eine Bewährungsprobe für die Republik. S. 44
[69] vgl. Kotowski, Elke-Vera: Der Fall Dreyfus und die Folgen. S. 31

jedoch engagierten sich die Dreyfus-Anhänger in der Sache nicht, um in erster Linie den Antisemitismus zu bekämpfen.[70] Aus dem Buch »Fünf Jahre meines Lebens« geht nicht hervor, daß Dreyfus sein Schicksal wesentlich auf den Antisemitismus zuschrieb.[71]

Mathieu Dreyfus betonte indes, daß sein Bruder vermutlich nicht auf die Teufelsinsel verbannt worden wäre, wenn er kein Jude gewesen wäre und Bernard Lazare betonte den unterschwelligen Antisemitismus, der sowohl zum Beginn des Verfahrens als auch zur Ablehnung der Revision beitrug.[72]

Wesentlich befaßten sich jedoch die Dreyfus-Anhänger mit dem Justizirrtum an sich, was letztlich auch daran gelegen haben dürfte, daß ein Revisionsverfahren nur über den Beleg von Verfahrensfehlern zu erreichen war, der Verweis auf antisemitische Einstellungen der handelnden Personen im Militär hierbei eher nicht hilfreich gewesen wäre.

Bemerkenswert ist auch die Zurückhaltung der zeitgenössischen Juden in diesem Fall. Diese dürfte verschiedene Ursachen gehabt haben. Zumindest fürchtete die jüdische Gemeinde, daß sie durch die Verteidigung Dreyfus' Zweifel an ihrer Loyalität zu Frankreich aufkommen lassen könnte.[73]

Den nachhaltigsten Eindruck dürfte indes die Dreyfus-Affäre bei Theodor Herzl hinterlassen haben, der der Degradierung Dreyfus' als Journalist für eine Wiener Zeitung beigewohnt hatte. Nach der Degradierung Dreyfus', der er als Korrespondent der »Neuen Freien Presse« aus Wien beiwohnte, gelangte Herzl zu der

---

[70] vgl. Benbassa, Esther: Risse im Franco-Judaismus. S. 24
[71] vgl. ebd.
[72] vgl. ebd.
[73] vgl. ebd. S. 25

Überzeugung, daß die Assimilation von Juden in die Gesellschaft gescheitert war. »Denn wenn schon in Frankreich, dem Land der Menschenrechte und dem revolutionären Prinzip der Freiheit, Gleichheit und Brüderlichkeit die Gleichstellung gescheitert war, wo sonst in Europa sollte sie glücken?«.[74]

Im Anschluß an den Revisionsprozeß in Rennes konstatierte Theodor Herzl den antisemitischen Charakter, den er im Urteil ausmachte: »Samstag, dem neunten September 1899, in den Abendstunden, wurde eine merkwürdige Entdeckung gemacht (…). Es wurde nämlich entdeckt, dass einem Juden die Gerechtigkeit verweigert werden kann, aus keinem anderen Grunde, als weil er Jude ist. Es wurde entdeckt, dass man einen Juden quälen kann, als ob er kein Mensch wäre. Es wurde entdeckt, dass man einen Juden zu infamer Strafe verurteilen kann, obwohl er unschuldig ist«.[75]

---

[74] Kotowski, Elke-Vera: Der Fall Dreyfus und die Folgen. S. 29
[75] Zitiert nach: Kotowski, Elke-Vera: Der Fall Dreyfus und die Folgen. S. 31

5. Rehabilitierung des Hauptmanns Alfred Dreyfus

Alfred Dreyfus mußte bis in den Juli 1906 warten, bis er rehabilitiert wurde. Er wurde indes nicht nur rehabilitiert, sondern auch wieder in die Armee aufgenommen, befördert und zum Ritter der Ehrenlegion geschlagen. Seine Ernennung zum Ritter der Ehrenlegion fand auf jenem Platz statt, auf dem er fast zwölf Jahre zuvor degradiert wurde.[76]

Auch Georges Picquart wurde wieder in die Armee aufgenommen und befördert. Später wurde er unter Premierminister Georges Clemenceau, dem Herausgeber der L'Aurore, Kriegsminister.[77]

Überwunden war der Antisemitismus jedoch zunächst nicht. Auf Alfred Dreyfus wurde während der Überführung des inzwischen verstorbenen Emile Zola in das Pantheon ein Attentat ausgeführt, bei dem Dreyfus leicht verletzt wurde. In dem anschließenden Prozeß wurde der Täter freigesprochen.[78]

Die Judenfeindlichkeit, im Rahmen der Dreyfus-Affäre von nationalistischen und antisemtischen Zeitungen angestachelt, ging letztlich jedoch zurück »und wurde mit dem Beginn des 1. Weltkriegs von einer Woge patriotischer Begeisterung weggeschwemmt«.[79]

Mit der Ehrung und dem Gedenken an Alfred Dreyfus tut sich die französische Republik nach wie vor schwer: Um die Errichtung eines Hauptmann-Dreyfus-Denkmals in der Ecole Militaire, also dem Ort seiner Degradierung und späteren Auszeichnung als Ritter der Ehrenlegion, entstand ein Streit. Das Denkmal wurde anschließend in

---

[76] vgl. Berger, Michael: Der Fall Dreyfus. S. 57
[77] vgl. Kotowski, Elke-Vera: Der Fall Dreyfus und die Folgen. S. 32
[78] vgl.: Duclert, Vincent: Die Dreyfus-Affäre. S. 139
[79] Berger, Michael: Der Fall Dreyfus. S. 57

den Jardins des Tuileries aufgestellt.[80]

Und als angedacht wurde, im Jahr 2006, also hundert Jahre nach seiner Rehabilitation, seine sterblichen Überreste ins Pantheon zu überführen und neben jenen von Emile Zola beizusetzen, verweigerte der Präsident Frankreichs die Erlaubnis. Im Pantheon würden nur Helden der Republik beigesetzt, und Dreyfus sei eben einfach »nur« Opfer.[81]

---

[80] vgl. Duclert, Vincent: Die Dreyfus-Affäre. S. 145
[81] vgl. Kotowski, Elke-Vera: Der Fall Dreyfus und die Folgen. S. 32

6. Fazit

Es läßt sich nachweisen, daß der Antisemitismus an wesentlichen Stellen der Affäre eine Rolle gespielt hat. Bildete er den Auslöser in der Form, daß sich die Armeeführung durch ihren Antisemitismus bei der Verdächtigung Dreyfus' leiten ließ, blieb er die ganze Affäre über als Hintergrund erhalten und trat zu gegebenen Zeiten auch stets wieder in den Vordergrund, wie zum Beispiel während des Prozesses gegen Emile Zola.

Die Dreyfus-Affäre hatte Frankreich in Dreyfus-Anhänger und Dreyfus-Gegner gespalten. Für die Dreyfus-Gegner war der Antisemitismus neben dem Nationalismus und der Feindschaft zur Republik eine wesentliche Triebfeder, an der Verurteilung und Verbannung Dreyfus' selbst zu einer Zeit festzuhalten, zu der Dreyfus' Unschuld für wirklich jeden offenkundig bewiesen war. Ohne den Antisemitismus, den insbesondere die Presse – wenn auch teils aus unterschiedlichen Motiven – geschürt hatte, wäre die Dreyfus-Affäre nicht so verlaufen. Möglicherweise hätte der Generalstab gar die Möglichkeit gehabt, von einer Anklage Dreyfus' abzusehen, zumal der Umstand, daß die Beweise gegen ihn schwach waren, dort bekannt waren.

Daß der Antisemitismus fortwirkte zeigte sich auch an der Weigerung des Generalstabs, nach den Entdeckungen Picquarts den Fall neu aufzurollen, wobei hier vermutlich auch der Wunsch hinzukam, einen Fehler nicht zugeben zu müssen. Begünstigt wurde diese Haltung allemal durch den Antisemitismus, der anschließend auch in dem Prozeß gegen Emile Zola wieder voll zum Ausbruch kam.

Bemerkenswert ist, daß sich in der Literatur zur Affäre kaum Verweise auf die Bekämpfung des Antisemitismus als solchen finden. Zu den wesentlichen Schlußfolgerungen, die aus der Affäre im Hinblick auf Antisemitismus und Menschenrechte gezogen wurden, war die Gründung der Liga für Menschenrechte, die 1898 gegründet wurde.[82]

Auch ansonsten hat die Dreyfus-Affäre deutliche Spuren hinterlassen. In Frankreich fanden Reformen statt, deren Auslöser Alfred Dreyfus' Verhaftung und Verurteilung waren. So wurde die Trennung zwischen Staat und Kirche verstärkt. Der Einfluß, den die Kirche auf das Bildungssystem hatte, wurde zurückgedrängt.[83] Die Jurisdiktion der Militärgerichte wurde eingeschränkt und die Möglichkeit eingeführt, sich zur Berufung gegen ihre Urteile an zivile Gerichte zu wenden.[84]

In jedem Falle zeigte sich die Affäre als ein Lehrstück für Zivilcourage. Hier hatten Menschen für einen unschuldig Verurteilten in einem Klima des Antisemitismus das Wort ergriffen, unabhängig von den Folgen, die dies für sie persönlich und ihre Karriere hatte.

Für die Entwicklung des Antisemitismus in Frankreich zeigte sich, daß am Ende der Affäre der Antisemitismus abflaute. Die Literatur weist dabei deutlich aus, daß die Entstehung des Antisemitismus nicht im Zusammenhang mit der Dreyfus-Affäre stand – er war schon vorher da und legte die Ursache für die Affäre. Indes wirkte die Affäre zumindest auf Teile der Bevölkerung in der Weise ein, daß sie letztlich durch die grobe Ungerechtigkeit, die einem jüdischen Hauptmann widerfuhr weil er eben Jude war, ihren Antisemitismus überwand.

---

[82] vgl. Duclert, Vincent: Die Dreyfus-Affäre. S. 110ff
[83] vgl. Dickler, Gerald: Prozesse, die Geschichte machten. S. 39
[84] vgl. ebd.

Der Hitler-Putsch und die Folgen

Seminararbeit vom 20. Januar 2009

1. Der Hitler-Putsch und die Folgen - Einführung

In der vorliegenden Hausarbeit soll der Prozeß um den Hitler-Putsch untersucht werden. Im Zentrum der Fragestellung soll dabei stehen, welche Umstände es begünstigt haben, daß das Urteil gegen Adolf Hitler und seine Mitputschisten im Vergleich zu Urteilen gegenüber linken Umstürzlern so mild ausfiel.

Dabei soll zunächst ein Blick darauf geworfen werden, in welchem historischen Umfeld der Hitler-Putsch stattfand und wie der eigentliche Putsch abgelaufen ist. In diesem Rahmen soll auch zusammengefaßt werden, welche einzelnen Taten während des Putsches begangen wurden.

Im Anschluß daran werden der Hitler-Prozeß und das Gericht beleuchtet, vor dem der Prozeß stattfand. Hierbei wird im Rückblick auf die Beschreibung des Hitler-Putsches geschaut, welche Rolle die im Rahmen des Putsches verübten Verbrechen spielen, gefolgt von einem Blick auf die möglichen Motivation von Staat und Gericht, Hitler für den versuchten Putsch nicht ernstlich zu belangen.

Eine Zusammenfassung soll am Ende noch einmal die Gründe beleuchten, die zu dem Urteil geführt haben. In einem Fazit und Ausblick erfolgt eine Einschätzung der vorliegenden Materialien und Vorgänge.

2. Der Hitler-Putsch

2.1. Im Vorfeld des Hitler-Putsches

Zu den wesentlichen Ereignissen im Vorfeld des Hitler-Putsches zählen im Krisenjahr 1923 zum einen die hohe Inflation, die insbesondere der durchschnittlichen Bevölkerung zu schaffen machte. Dazu kam der Ruhrkampf, in dessen Rahmen die Franzosen in das Ruhrgebiet einmarschierten mit der Begründung, daß Deutschland bei den Reparationen im Rückstand sei. Die deutsche Regierung reagierte mit einem Aufruf zum Boykott der Besetzer und damit zum Ruhrkampf, der bei den Parteien und auch der Bevölkerung auf Unterstützung stieß.[85]

In Bayern regte sich ohnehin stärkerer Widerstand gegen die Weimarer Republik. Dies zeigte sich auch darin, daß Bayern nicht die Volksgerichte abschaffen wollte, welche durch die Weimarer Verfassung zu unstatthaften Ausnahmegerichten wurden.[86]

Der bayerische Ministerpräsident verhängte den Ausnahmezustand und machte Gustav Ritter von Kahr zum Generalstaatskommissar, womit auch die Rechte der Exekutive auf diesen übergingen. Generalstaatskommissar von Kahr erfüllte nach seiner Ernennung eine Forderung der Rechtsradikalen, die Ministerpräsident von Knilling noch abgelehnt hatte, indem er das Republikschutzgesetz in Bayern außer Vollzug setzte.[87]

In Berlin fürchtete man weitere Spannungen und erklärte ebenfalls den Ausnahmezustand. Die vollzie-

---

[85] vgl. Guchmann, Lothar: Der Weg zum Hitler-Putsch, München 1997, S. XLV

[86] vgl. Gritschneder, Otto: Das mißbrauchte bayerische Volksgericht, München 1997, S. XXIIIf

[87] vgl. Guchmann, Lothar: Der Weg zum Hitler-Putsch, München 1997, S LVII

hende Gewalt ging über an den Reichswehrminister, der sie an die Militärbefehlshaber der Wehrkreise delegierte. In Bayern war dies General von Lossow.

Als aus der Berliner Regierung die Anordnung nach Bayern erging, das Erscheinen des NS-Blattes »Völkischen Beobachters« einstellen zu lassen, widersetzte sich Generalstaatskommissar von Kahr, und von Lossow machte sich diese Haltung ebenfalls zueigen, woraufhin er durch den Reichswehrminister abgesetzt wurde. Von Kahr setzte daraufhin von Lossow als Landeskommandanten ein, der die 7. (bayerische) Reichswehrdivision auf Bayern verpflichtete.[88]

Die Macht in Bayern lag nun in den Händen des »Triumvirats« Generalstaatskommissar von Kahr, Landeskommandant von Lossow und dem Landespolizeichef von Seißer. Dieses Triumvirat verfolgte indes eigene Pläne. Sie wollten sich an der Ersetzung der gewählten Regierung in Berlin durch ein Direktorium beteiligen und dafür auch die ihnen verbundenen Vaterländischen Verbände einsetzen. Damit standen sie den Zielen der Rechtsextremisten durchaus nahe, sollte dieses Direktorium diktatorische Vollmachten bekommen. Mit den Rechtsextremisten teilte das Triumvirat die Ablehnung der parlamentarischen Demokratie. Auf der anderen Seite wollte von Kahr verhindern, daß Hitler das Aufbegehren gegen die Regierung in Berlin anführte. Den Startschuß, so machte er gegenüber den Verbänden klar, wolle er, von Kahr, geben.[89]

2.2. Der Hitler-Putsch am 8./9. November 1923

Ausgangspunkt des Hitler-Putsches war der Bürgerbräukeller in München. Dort hielt am Abend des 8.

---

[88] vgl. ebd. S. LVIIf
[89] vgl. Huber, Ernst Rudolf: Deutsche Verfassungsgeschichte seit 1789, Stuttgart 1984, S. 404

November 1923 der Generalstaatskommissar von Kahr eine Versammlung der verschiedenen Erwerbsstände, der Angehörigen der Vaterländischen Vereinigungen und besonderen geladenen Gästen ab[90]. Aufgrund dieser Versammlung entschloß sich Adolf Hitler, seinen Putsch bereits am 8. statt wie vorgesehen am 11. November durchzuführen, weil auch viele Mitglieder der bayerischen Regierung im Bürgerbräukeller anwesend sein würden. Zudem fürchtete Hitler, daß von Kahr ihn bei einem Putsch gegen die Regierung außen vor lassen könnte, er zumindest keinen wesentlichen Einfluß haben würde.

Hitler und seine Leute betraten am Abend den von Menschen überfüllten Bürgerbräukeller. Um sich Gehör zu verschaffen stieg Hitler auf einen Stuhl, schoß mit seiner Pistole in die Decke und rief die nationale Revolution aus.

Daraufhin drängte er mit einigen seiner Helfer das Triumvirat von Kahr, von Lossow und von Seißer in einen Nebenraum. Dort wurden die drei Männer mit vorgehaltener Waffe dazu überredet, an dem Putsch teilzunehmen.

Zwischendurch verließ Hitler das Nebenzimmer und wandte sich wieder an die Anwesenden im Bürgerbräukeller. Er erklärte, daß die Regierungen in Bayern und Berlin abgesetzt seien und verkündete die Neubesetzungen der Regierungen, in denen auch von Kahr, von Lossow und von Seißer wesentliche Rollen spielen sollten.

Nachdem auch General Ludendorff im Bürgerbräukeller aufgetaucht war und seine Unterstützung erklärte, gaben nun auch von Kahr, von Lossow und von Seißer ent-

---

[90] vgl. Gritschneder, Otto: Der Hitler-Prozeß und sein Richter Georg Neidhardt, München 2001, S. 17

sprechende Erklärungen vor den versammelten Menschen im Bürgerbräukeller ab.

Hierauf ließ nun Rudolf Heß als Führer der SA-Studentenkompanie Mitglieder der Regierung festnehmen.[91] Nun kam der Putsch in Fahrt. Hitlers Truppen machten sich ans Werk, das Polizeipräsidium und das Wehrkreiskommando unter ihre Kontrolle zu bringen. Als es zu Problemen bei der Pionierskaserne kam, machte sich Hitler auf den Weg, um sich persönlich darum zu kümmern, erreichte jedoch nichts.

Nachdem er den Bürgerbräukeller wieder verlassen hatte, ermöglichte Ludendorff auch von Kahr, von Lossow und von Seißer, den Ort des Geschehens zu verlassen. Nach seiner Rückkehr zeigte sich Hitler entsetzt darüber, wohingegen Ludendorff erklärte, daß ein Offizier sein Wort nicht breche.[92]

Wieder in Freiheit widerriefen sie ihre im Bürgerbräukeller abgegebenen Erklärungen und begannen nun, den Putsch zu bekämpfen.

Währenddessen marschierte ein SA-Trupp auf Befehl Hitlers zur jüdischen Druckerei Parcus, um dort frisch gedrucktes Geld zu besorgen, mit dem die Verbände entlohnt werden sollten. Die Truppen kehrten mit 14 605 Billionen Mark zurück.[93]

Am Morgen des 9. November schien der Putsch gescheitert. Um ihn doch noch zum Gelingen zu bringen entschlossen sich Hitler und Ludendorff, den Marsch zur Feldherrnhalle zu unternehmen, um dort vielleicht doch noch die Macht übernehmen und den Putsch zum Erfolg führen zu können.

---

[91] vgl. Toland, John: Adolf Hitler 1889 – 1938 Werden und Weg. Führer und Reichskanzler, Bergisch Gladbach 1977, S. 215
[92] vgl. ebd. S. 216f
[93] vgl. ebd. S. 222

Begleitet von Sympathisanten und Angehörigen der Truppen der Putschisten marschierten sie schließloh los. Vorne marschierten Hitler und Ludendorff mit, letzerer in der Überzeugung, daß man auf ihn nicht schießen würde. Bei einer Konfrontation mit der Polizei fielen dann schließlich Schüsse aus dem Demonstrationszug und vier Polizisten wurden getötet. Die Polizei erwiderte das Feuer und tötete vierzehn der Demonstranten, darunter Scheubner-Richter, der im Sturz Hitler zu Boden riß und ihm den Arm dabei auskugelte, sowie der Obergerichtsrat Theodor von der Pforten, in dessen Tasche ein Verfassungsentwurf sowie ein Entwurf zur Einführung von Standgerichten, welche die Todesstrafe verhängen können sollten, gefunden wurde.[94]

Nun war der Putsch endgültig gescheitert. Hitler floh und wurde wenige Tage später im Hause eines Unterstützers verhaftet.

---

[94] vgl. Gritschneder, Otto: Freiheitsstrafe für den Terroristen Adolf. H., München 1990, S. 28f

3. Die Volksgerichte

Die Volksgerichte in Bayern wurden im November 1918 von der bayerischen Regierung Eisner eingerichtet. Sie sollten dem Zwecke dienen, Plünderungen und andere Gewalttaten zu bekämpfen, die in der nachrevolutionären Zeit stattfanden. Die Zuständigkeit der Volksgerichte umfaßte verschiedene Delikte, die für nachrevolutionäre Unruhen typisch waren. Entscheidend war zudem, daß die Volksgerichtshöfe nur für solche Beschuldigten zuständig waren, die auf frischer Tat ertappt wurden.[95] Eine umständliche Beweiserhebung war für die aus Berufs- und Laienrichter bestehenden Volksgerichte nicht vorgesehen.

Die Übergangsregierung unter Johannes Hoffmann ändert die entsprechenden Verordnungen über die Volksgerichte. Die Volksgerichte wurden nun auch für die Tatbestände des Hoch- und Landesverrats zuständig. Zugleich wurde der Passus aus der Verordnung herausgenommen, nach dem die Volksgerichte nur über Täter urteilen konnten, die auf frischer Tat ertappt wurden. Somit wurden die Volksgerichte auch für Fälle zuständig, in denen eine umständliche Beweisaufnahme notwendig wurde, was insbesondere deshalb kritisch war, weil gegen die Urteile der Volksgerichte keine Rechtsmittel und keine Wiederaufnahme der Verfahren zugelassen waren.[96]

Die Volksgerichte waren nun zu einem Instrument gegen links geworden. Durch den Umstand, daß die Urteile nicht mehr korrigiert werden konnten, brauchten die Richter der Volksgerichte keine Korrektur ihrer milden Urteile gegen rechts und ihrer Terror-Urteile

---

[95] vgl. Gritschneder, Otto: Die mißbrauchten Volksgerichte, München 1997, S. XIX f
[96] vgl. ebd. S. XXI

gegen links zu befürchten.[97]

Mit dem Inkrafttreten der Weimarer Verfassung am 14. August 1919 wurden die Volksgerichte nach Artikel 105, Satz 1 als sogenannte »Ausnahmegerichte« unstatthaft und damit verfassungswidrig. Die Grundlage für den Fortbestand der Volksgerichte war entfallen, dennoch hielt Bayern an ihnen fest.[98]

Erst im April/Mai des Jahres 1924 wurden die Volksgerichte aufgehoben. Für diese Termine spielte auch die Auseinandersetzung um die Zuständigkeit für den Hochverratsprozeß gegen Hitler eine Rolle, auf die später noch näher eingegangen werden soll. Zum 1. April 1924 wurden die Volksgerichte in Bayern aufgehoben mit Ausnahme des Volksgerichts München I, vor dem der Hitler-Prozeß stattfand, und der erst zum 15. Mai 1924 aufgehoben wurde.[99]

---

[97] vgl. ebd. S. XXII
[98] vgl. ebd. S. XXIII
[99] vgl. ebd. S. XXXVII f

4. Der Hitler-Prozeß

4.1. Der Streit um die Zuständigkeit

Nach der Verhaftung Adolf Hitlers setze eine Auseinandersetzung zwischen Bayern und dem Reich ein, wer für den Hochverratsprozeß gegen Hitler und seine Mittäter zuständig sein sollte. Dabei ging es im Kern darum, ob Hitler und seinen Mitverschwörern der Prozeß vor dem Volksgericht München I oder dem Staatsgerichtshof in Leipzig gemacht werden sollte, welches nach dem Republikschutzgesetz für solche Prozesse zuständig war.

Die Lage war entsprechend der Reichsverfassung eigentlich klar: Mit Inkrafttreten der Weimarer Verfassung waren die Volksgerichte als Ausnahmegerichte nicht mehr statthaft und damit aufzulösen. Landes- und Hochverratsprozesse sollten entsprechend des Republikschutzgesetzes vor dem Staatsgerichtshof in Leipzig stattfinden. Jedoch widersetze sich die bayerische Landesregierung ja auch bereits der Auflösung der Volksgerichte, wie oben beschrieben, und beharrte darauf, Hitler vor einem bayerischen Volksgericht den Prozeß zu machen.

Verschiedene Motive lagen hierfür zugrunde: Zum einen fürchtete man in Bayern, daß im Verlauf des Prozesses auch von Kahr, von Lossow und von Seißer wegen Mittäterschaft angeklagt werden könnten, fände der Prozeß in Leipzig statt. Mit einem Prozeß in München wäre sichergestellt gewesen, daß diese Herren lediglich als Zeugen auftreten würden.

Hinzu kam, daß man seitens der bayerischen Regierung schlicht Angst vor den militanten, rechten Kampfverbänden hatten, die der Regierung bereits offen mit einem Bürgerkrieg gedroht hatten, falls jemand mit »vaterländischer Gesinnung« an Leipzig ausgeliefert würde, dies noch vor dem Hitler-Putsch. Die bayerische Regierung nahm diese Drohung ihrerseits sehr ernst, wie sich auch an dem Handeln der Regierung in der Auseinandersetzung um den Prozeß gegen Hitler zeigte.[100]

Der bayerische Justizminister Gürtner betonte, daß alle außer den linken Parteien der Auffassung seien, daß Hitler in Bayern und nicht vor dem Staatsgerichtshof der Prozeß gemacht werden müsse. Dieser Stimmung, so Gürtner, könne sich keine bayerische Regierung widersetzen.[101]

Schließlich einigten sich das Reich und Bayern: Die Volksgerichte würden zum 1. April 1924 abgeschafft mit Ausnahme des Volksgericht München I, vor dem der Hitler-Prozeß stattfinden sollte und der erst zum 15. Mai 1924 aufgelöst würde. Der Preis für diese Einigung war, daß der Hitler-Prozeß nun doch in München stattfinden würde und sich das Reich damit abfand, daß hier nun ein verfassungswidriger Prozeß inszeniert würde.

Diese Nachgiebigkeit des Reiches gegenüber Bayern steht in einem krassen Gegensatz zu der Konsequenz, mit der sich das Reich gegen Sachsen und Thüringen in einem viel geringeren Fall durchgesetzt hatte. Dort hatten sich Koalitionsregierungen aus SPD und KPD gebildet. Aus Angst vor einer bolschewistischen Revolution wurde gegen Sachsen die Reichsexekution verhängt und die Sozialdemokraten gezwungen, eine Minderheitsregierung unter Duldung der bürgerlichen Parteien zu bilden. Auch die thüringische SPD gab dem Druck aus dem Reich nach und entließ die kommunistischen Minister aus der Regierung.

Auch gegen Bayern hätte die Reichsexekution durchge-

---

[100] vgl. ebd. S. XXXIIIf
[101] vgl. Gritschneder, Otto: Der Hitler-Prozeß und sein Richter Georg Neithardt, S. 50

führt werden und der Hochverratsprozeß gegen Hitler vor dem Staatsgerichtshof erzwungen werden können. Jedoch zeigte sich die Weimarer Regierung in diesem Fall nachgiebig. Dabei dürfte auch hier die Angst vor einem Bürgerkrieg in Bayern eine wesentliche Rolle gespielt haben.

4.2. Der Richter Georg Neithardt

Vorsitzender Richter des Volksgerichts München I im Prozeß gegen Adolf Hitler war der Richter Georg Neithardt. Er war ein Sympathisant der rechten Szene, der die scharfe Linie der bayerischen Justiz gegen die Linke mitgetragen hat.[102]

Besonderer Ausdruck Neithardts politischer Haltung in seinen Prozessen dürfte sein Urteil gegen den Mörder des ersten bayerischen Ministerpräsidenten Kurt Eisner sein. Der Weltkrieg-I-Offizier Anton Graf Arco-Valley hatte Eisner auf dem Weg zum Reichstag erschossen. Das Volksgericht München I verurteilte ihn zwar unter dem Vorsitz Georg Neithardt zum Tode, jedoch wurde dem Urteil ein sehr ungewöhnlicher Satz hinzugefügt. Neithardt verzichtete auf die Aberkennung der bürgerlichen Ehrenrechte, »weil die Handlungsweise des jungen politisch unmündigen Mannes nicht niederer Gesinnung, sondern der glühendsten Liebe zu seinem Volke und Vaterlande entsprang und ein Ausfluß seines Draufgängertums und der in weiten Volkskreisen herrschenden Empörung über Eisner war (…)«[103]

Bereits am nächsten Tag wurde das Todesurteil gegen Arco-Valley aufgehoben und dieser zu ehrenhafter Festungshaft begnadigt, aus der er bereits gut viereinhalb Jahre nach der Verurteilung im Mai 1924 wieder entlas-

---

[102] vgl. ebd. S. 36ff
[103] Gritschneder, Otto: Der Hitler-Prozeß und sein Richter Georg Neithardt, München 2001, S. 38

sen wurde.[104]

Auch schon vor dem Prozeß zum Hitler-Putsch hatte Neithardt mit Hitler zu tun. Dieser stand im Januar 1922 bereits wegen Landfriedensbruchs vor Richter Neithardt und wurde von diesem zu drei Monaten Gefängnis verurteilt, von denen Hitler jedoch nur einen Monat absitzen mußte. Der Rest wurde zur Bewährung ausgesetzt, die bis zum 1. März 1926 dauernd sollte. Zum Zeitpunkt seines Putsches stand Hitler somit bereits unter einer von Neithardt verhängten Bewährungsstrafe.[105]

4.3. Der Prozeß gegen Adolf Hitler und seine Mittäter

Wegen des Putschversuches vom 8./9. November 1923 wurden schließlich neben Adolf Hitler noch Erich Ludendorff, Ernst Pöhner, Wilhelm Frick, Friedrich Weber, Ernst Röhm, Wilhelm Brückner, Robert Wagner, Hermann Kriebel und Heinz Pernet vor dem Volksgericht München I unter dem Vorsitz von Georg Neithardt angeklagt.

Neben dem Landgerichtsdirektor Neithardt saßen der Landgerichtsrat Leyendecker als Beisitzender auf der Richterbank, sowie drei Laienrichter.[106]

Während der Gerichtsverhandlung hatte Hitler ausgiebig die Möglichkeit, sich zu äußern. Er hielt propagandistische Reden, die im Folgenden von der Presse, die über den Prozeß berichtete, an die Öffentlichkeit gebracht wurden – eine bessere Bühne für seine Propaganda hätte sich Hitler nicht wünschen können. Das Gericht behinderte seine Reden nicht und ließ es ihm auch durchgehen, wenn er die Weimarer Regierung als

---

[104] vgl. ebd. S. 40
[105] vgl. ebd. S. 52ff
[106] vgl. ebd. S. 98ff

»Novemberverbrecher« beschimpfte.[107] Auch verschiedene Diffamierungen der Regierung und der Demokratie wurden vom Gericht geduldet. Zudem ließ das Gericht zu, daß die Angeklagten die Zeugen von Kahr, von Lossow und von Seißer in einer Weise verhörten, als seien diese die Angeklagten.[108]

Dabei räumten die Zeugen durchaus ein, daß sie ebenfalls die Abschaffung der Weimarer Verfassung im Schilde führten und daß sie die Regierung durch ein Direktorium ersetzen wollten. Vor Gericht wurde über diese Frage diskutiert, als sei dies das Normalste der Welt, als gehöre es zum täglich Brot von führenden Regierungsmitgliedern eines Bundeslandes, die Abschaffung der verfassungsmäßigen Ordnung zu planen.[109]

Insofern scheinen auch die Befürchtungen der bayerischen Regierungen, daß vor dem Staatsgerichtshof ihre eigenen Repräsentanten von Zeugen zu Angeklagten werden könnten, möglicherweise berechtigt.

Die Urteile des Volksgerichts gegen Hitler und seine Mittäter fielen denkbar mild aus. Hitler, Weber, Kriebel und Pöhner wurden zu fünf Jahren Festungshaft verurteilt mit der Aussicht, daß nach einem halben Jahr Festungshaft der Rest zur Bewährung ausgesetzt wird.

Brückner, Röhm, Pernet, Wagner und Frick wurden wegen Beihilfe zum Hochverrat zu je einem Jahr und drei Monaten Festungshaft verurteilt, die allerdings sofort zur Bewährung ausgesetzt wurden. Ludendorff wurde freigesprochen.[110]

---

[107] vgl. Gritschneder, Otto: Bewährungsfrist für den Terroristen Adolf H., München 1990, S. 47
[108] vgl. Hannover, Heinrich: Politische
[109] vgl. ebd.
[110] für die Urteile vgl. Gritschneder, Otto: Der Hitler-Prozeß und sein

Weil nun entsprechend des Gesetzes zu den Volksge-
richten keine Revision und keine Wiederaufnahme vor-
sahen, konnten diese Urteile im Nachhinein nicht korrigiert werden.

4.4. Die Mängel des Urteils

Das Urteil gegen Hitler litt an zahlreichen Mängeln, die
auch von den Zeitgenossen bereits kritisiert wurden.
Das Urteil selbst stieß in der Öffentlichkeit auf ein un-
terschiedliches Echo. In den sozialdemokratischen und
linken Zeitungen wurde das Urteil als Skandalurteil
aufgefaßt, während selbst die bürgerliche Presse Sym-
pathien für Hitler und seine Leute zeigte.[111]

Zeitgenössische Juristen kritisierten indes die Fehllei-
stungen des Gerichtes bei diesem Urteil, wie zum Beispiel der Staatsrechtsprofessor Alexander Graf zu
Dohna. Dieser vertrat die Auffassung, daß das Volksgericht ohnehin gar nicht zuständig für den Prozeß war,
daß die Mindeststrafe angesichts des Verbrechens
rechtwidrig war, daß insbesondere keine Bewährungsstrafe hätte verhängt werden dürfen, nachdem die Angeklagten sich vor Gericht stolz auf ihre Tat zeigten und
ihre Wiederholung während der Verhandlung gar an-
kündigten. Letztlich hätte Hitler als Ausländer ausgewiesen werden müssen, zumal das Republikschutzgesetz bei Ausländern, die des Hochverrats schuldig ge-
sprochen wurden, bezüglich deren Ausweisung dem
Gericht keinen Ermessenspielraum ließen.[112]

Hierin liegt der wohl schwerwiegendste Mangel des
Urteils gegen Adolf Hitler, daß das Gericht auf die
Ausweisung verzichtete, obwohl das Republikschutzge-

Richter Georg Neithardt, München 2001, S. 99f
[111] vgl. Gritschneder, Otto: Der Hitler-Prozeß und sein Richter Georg
Neithardt, S. 55
[112] vgl. ebd. S. 57f

setz dies bei ausländischen Hochverrätern zwingend vorgesehen hat. Statt dessen hob Neithardt in seinem Urteil den »vaterländischen Geist« der Putschisten hervor und fügte im Hinblick auf Hitler hinzu, daß auf jemanden, der so deutsch denke und fühle, der § 9 Abs. II des Republikschutzgesetzes (Ausweisung von Ausländern) nicht angewandt werden könne.[113] Auch die Versuche der Staatsanwaltschaft, auf die Ausweisung Hitlers über den Verwaltungsweg zu dringen, blieben erfolglos.

Darüber hinaus wurden in dem Prozeß Hitlers Vorstrafen ebensowenig zum Thema gemacht wie der Umstand, daß er zum Zeitpunkt des Putsches bereits unter einer Bewährungsstrafe stand, die noch bis zum 1. März 1926 dauern sollte. Insofern wäre es ohnehin ausgeschlossen gewesen, daß Hitler eine Bewährungsstrafe in Aussicht gestellt würde. Stattdessen hätten die zwei Monate Haft, die ihm zur Bewährung ausgesetzt worden waren, noch zu der Strafe für den Putschversuch hinzugefügt werden müssen.[114]

Zudem fehlten in der Sachverhaltsdarstellung des Gerichtes wichtige Ereignisse aus dem Verlauf des Putsches. So wurden die vier getöteten Polizisten ebensowenig erwähnt wie der Umstand, daß bei dem getöteten Putschisten Oberstlandesgerichtsrat Theodor von der Pfordten ein vollständig ausformulierter Verfassungsentwurf in der Brieftasche gefunden wurde.[115] Dieser wäre aufschlußreich für die Motivation der Putschisten gewesen.

Auch die »Beschlagnahme« der 14 605 Billionen Mark durch die Hitler-Truppen und die Verhaftung von Mitgliedern der Regierung von Knilling wurden im Prozeß

---

[113] vgl. ebd. S. 129ff
[114] vgl. ebd. S. 52ff
[115] vgl. ebd. S 52

und in der Urteilsbegründung nur am Rande erwähnt.

Die Mindeststrafe von fünf Jahren hätte schon deshalb nicht verhängt werden dürfen, weil das Gericht selbst festgestellt hatte, daß es wichtige Straferschwerungsgründe gab. Gibt es jedoch solche Straferschwerungsgründe, verbietet sich die Mindeststrafe bereits aus diesen Gründen.[116]

Die Verurteilung Hitlers und seiner Mittäter zu Festungshaft war insofern ein weiterer Skandal, weil die ehrenvolle Festungshaft eher wie ein Hotelaufenthalt war. Hitler und seine Mitverurteilten konnten sich in der Festung Landsberg frei bewegen. Während des Aufenthalts in der Festung Landsberg verfaßte Hitler sein Buch »Mein Kampf«.

Es blieb jedoch nicht nur bei der milden Strafe von fünf Jahren Festungshaft mit Aussicht auf Bewährung, nachdem Hitler, Weber, Kriebel und Pöhner ein halbes Jahr davon abgesessen hatten. Tatsächlich entließ die bayerische Justiz Adolf Hitler nach einem halben Jahr trotz der Proteste der Staatsanwaltschaft in die Freiheit. Die auferlegte Bewährungszeit bis 1928 wurde gar noch gekürzt. Hitler nutzte die Freiheit, um die NSDAP, die durch von Kahr verboten worden war, weiter aufzubauen und seine Aktivitäten gegen die Weimarer Republik fortzusetzen.[117]

---

[116] vgl. ebd.
[117] vgl. ebd. S. 60ff sowie Gritschneder, Otto: Bewährungsfrist für den Terroristen Adolf H. München 1999, S. 103ff

5. Motivationen für die Nachsichtigkeit gegenüber Hitler

Es bestanden nun unterschiedliche Motive, eine strenge Bestrafung Hitlers nicht zu wünschen. Neben einer allgemeinen Rechtslastigkeit der Gerichts- und Verwaltungsbehörden in der Weimarer Republik, die sich auch in deutlich unterschiedlichen Urteilen gegenüber rechten und linken Angeklagten niederschlugen, hatte gerade die Regierung in Bayern verschiedene Gründe, sich einen Prozeß gegen Hitler vor dem Staatsgerichtshof in Leipzig nicht zu wünschen.

5.1. Ungleiche Justiz gegenüber rechten und linken Angeklagten

In verschiedenen Urteilen der Weimarer Republik zeigten sich deutliche Unterschiede beim Grad der Bestrafung von rechten und linken Angeklagten. Zwar gab es auch Richter, die sich um eine gerechte Justiz bemühten. Letztlich zeigt sich jedoch die Tendenz an zahlreichen skandalösen Urteilen, von denen das Urteil gegen Adolf Hitler nur eines ist.

So zeigt auch das Urteil gegen Graf Arco-Valley, welches unter 4.3. näher beschrieben ist, wie nachsichtig mit einem Mörder verfahren wurde, der selbst rechts steht und einen linken Politiker (Eisner von der USPD) ermordet hatte. Nicht nur Richter Neithardt, der auch dem Prozeß gegen Arco-Valley vorsaß, sprach solche Urteile. Auch bei anderen Attentaten auf linke Politiker gingen die Täter entweder straffrei aus, oder aber sie wurden mit lächerlichen Urteilen bestraft.

Im Fall des Blausäure-Attentats gegen Philipp Scheidemann wurden zwar die Täter zu je zehn Jahren Haft wegen versuchten Mordes verurteilt, jedoch die Hintermänner des Attentats nicht ermittelt. Diese waren mutmaßlich in der Organisation Consul zu suchen, welche für zahlreiche Morde an linken Politikern verantwortlich zeichnete.[118]

Witwen von Arbeitern, die im Rahmen ihres Kampfes gegen den Kapp-Putsch und damit für die Weimarer Demokratie ermordet wurden, bekamen keine Hinterbliebenenrente bewilligt, weil nach Auffassung des Reichsgerichtes die Arbeiter nicht berechtigt waren, gegen die Putschisten zu kämpfen und somit an ihrem Tod selbst Schuld hatten.[119]

Ebenfalls als Skandalurteil war jenes gegen Fechner, der wegen der angeblichen Weitergabe geheimer Dokumente zu 11 Jahren Haft verurteilt wurde, obwohl die Tat eigentlich schon verjährt war. Hier ignorierte das Gericht schlicht die Verjährung und fällte das Urteil trotzdem.[120]

5.2. Motive der bayerischen Regierung

Die Regierung in Bayern hatte über die allgemeine Tendenz im Reich hinaus mehrere Motive, sich einen Prozeß gegen Hitler vor dem Staatsgerichtshof nicht zu wünschen.

Zum einen war es die Rolle des Triumvirates von Kahr, von Lossow und von Seißer während des Putsches, die die bayerische Regierung davor zurückschrecken ließ, die Angelegenheit dem Staatsgerichtshof in Leipzig zu überlassen.

Abseits der Frage, ob das Triumvirat den Putsch Hitlers tatsächlich nur aufgrund des Druckes, den Hitler und seine Leute auf von Kahr, von Lossow und von Seißer

---

[118] vgl. Hannover, Heinrich: Politische Justiz, Bornheim-Metern 1987, S. 135ff
[119] vgl. ebd., S. 80f.
[120] vgl. Gritschneder, Otto: Der mißbrauchte bayerische Volksgerichtshof, München 1997, S. XXXVIIIf

ausgeübt haben, unterstützten, hatte das Triumvirat immerhin seine eigenen Pläne für einen Umsturz der Regierung in Berlin entwickelt. In einer Aussage gegenüber dem Staatsanwalt Ehard wünschte Hitler zunächst einen Prozeß vor dem Staatsgerichtshof, weil nach seiner Überzeugung dort einige Leute als Zeugen hineingingen, jedoch als Angeklagte hinausgeführt würden – womit er auf das Triumvirat anspielte.[121]

Vor dem Volksgerichtshof in München blieb es indes dabei, daß das Triumvirat als Zeugen auftrat, wenngleich Richter Neithardt duldete, daß die drei Männer durch die Angeklagten und deren Verteidiger verhört wurden als seien sie angeklagt.

Ein weiterer gewichtiger Grund für die bayerische Regierung, den Prozeß nicht in Leipzig führen zu lassen, dürfte auch in dem Druck gelegen haben, den die Kampfverbände auf die Regierung ausgeübt hatten. Wie unter 4.1. ausgeführt fürchtete die bayerische Regierung die Bedrohung, die von den Kampfverbänden ausging und war zudem der Auffassung, daß man sich nicht der allgemeinen Stimmung widersetzen könne, nach der der Hitler-Prozeß in Bayern stattfinden solle.

Letztlich gab es auch ein Abkommen der bayerischen Regierung mit den rechten und rechtsextremen Kampfverbänden, nach der sich diese in die Reichswehr eingliedern lassen würden, wenn es notwendig wäre. Als Gegenleistung dafür würden ihre Waffen gebrauchsfähig gemacht und in den Kasernen gelagert, jedoch auch jederzeit herausgegeben, wenn dies notwendig sein sollte. Zudem wurden sie auch militärisch in Manövern ausgebildet. Daran, daß diese geheime Zusammenarbeit öffentlich wurde, hatte die bayerische Regierung kein

---

[121] vgl. Gritschneder, Otto: Bewährungsfrist für den Terroristen Adolf H. München 1990, S. 43

Interesse. Auch dies dürfte zu den Motivationen gezählt haben, zum einen dafür zu sorgen, daß der Prozeß in Bayern stattfindet, und zum anderen darauf hinzuwirken, daß Hitler und seine Mittäter nur eine milde Strafe bekommen würden. Dies dürfte der Preis dafür gewesen sein, daß Hitler und seine Leute während der Verhandlung keine öffentlichen Aussagen über die Bewaffnung, Verpflegung und Bezahlung der illegalen Verbände durch Polizei und Reichswehr machten.[122]

Dafür spricht auch, daß der Ersatzbeisitzer Max Brauneis später erklärte, daß nach seinem Eindruck der Prozeß durch den Staatsanwalt Aull als Verbindungsmann stark beeinflußt wurde. Dieser sei in den Pausen immer wieder ins Richterzimmer gekommen und habe sich mit Neithardt besprochen.[123]

Die Anwesenheit Aulls als Verbindungsmann zur Regierung und der Umstand, daß sich dieser immer wieder mit Neithardt besprochen hat, zeigt zumindest das rege Interesse, welches die bayerische Regierung an dem Fall hatte. Hinzu kommt noch, daß Brauneis erklärte, daß nach seinem Gefühl der Richter Neithardt die Prozeßführung sehr in seiner Hand hielt.[124]

Dies alles läßt darauf schließen, daß es bei dem Hitler-Prozeß nicht nur die grundsätzliche Sympathie der entscheidenden Stellen in der Justiz waren, die das skandalös milde Urteil ermöglichten, sondern daß hier offenbar auch die bayerische Landesregierung kein Interesse daran hatte, mit einem scharfen Urteil Hitler und seine Mittäter so zu verärgern, daß sie in öffentlicher Sitzung die Landesregierung kompromittierten.

---

[122] vgl. ebd. S. 150
[123] vgl. Gritschneder, Otto: Der Hitler-Prozeß und sein Richter Georg Neithardt, München 2001, S. 71 f.
[124] vgl. ebd.

Eine weitere Motivation für die Nachsichtigkeit dürfte in der grundsätzlichen Nähe des Gerichts und der Verwaltung in Bayern zu den Plänen und Programmen der Angeklagten zu suchen sein. Die Prozeßführung Neithardts zeigte diese Nähe auch darin überdeutlich, daß er es Hitler ermöglichte, seine programmatischen Propagandareden vor Gericht zu halten, die später in der Presse, die jeden Tag über den Prozeß berichtete, erschienen.

6. Zusammenfassung

Die Darlegungen haben gezeigt, daß der Hitler-Prozeß
in einem Umfeld stattfand, welches durchaus mit seinen
Vorhaben sympathisiert hat. Dies ist jedoch nicht der
einzige Grund für den Ausgang des Prozesses. Verschiedene Umstände, die auch außerhalb Bayerns lagen,
haben dazu geführt, daß der Hitler-Prozeß zu einer juri-
stischen Farce wurde.

Insbesondere führte die Schwäche der Weimarer Regierung gegenüber Bayern dazu, daß der Hitler-Prozeß
nicht vor dem eigentlich zuständigen Staatsgerichthof in
Leipzig stattfand, sondern vor dem zu jenem Zeitpunkt
schon seit Jahren verfassungswidrigen Volksgericht in
München. Die Weimarer Republik hatte zugelassen, daß
sich die bayerische Landesregierung über den Grund-
satz, daß Reichsrecht Landesrecht bricht, hinwegsetzt,
während sie in Sachsen und Thüringen die Auflösung
legal gebildeter Regierungen durchsetze, weil sie Angst
vor einem linken Umsturz hatte.

Es war auch diese bis in die SPD verbreitete Angst vor
einem bolschewistischen Umsturz, welche die Position
der bayerischen Landesregierung stärkte. Jedoch half
auch die Angst der Weimarer Regierung sowie der Regierung in Bayern vor einem durch rechte und rechtsra-
dikale Kampfverbände ausgelösten Bürgerkrieg in Bayern gerade Hitler und seinen Mitputschisten, mit ihrer
Tat davonzukommen. Nicht nur war die Regierung in
Berlin schwach, auch die Landesregierung in Bayern
zeigte sich nicht durchsetzungsfähig gegen die erpresse-
rischen Forderungen der rechten und rechtsradikalen
Kampfverbände. Die Erklärung Gürtners, keine Regierung könne sich der Stimmung in Bayern widersetzen,
nach der Hitler vor ein bayerisches Gericht gestellt
werden mußte, war die öffentliche Kapitulation der
bayerischen Regierung vor den rechten und rechtsextremen Kampfverbänden.

Hinzu kam ein Richter, dessen Weltanschauung es zuließ, daß Hitler in seinem Gerichtssaal Propagandareden hielt, und daß mit den Zeugen von Kahr, von Lossow und von Seißer über verschiedene Wege der Beseitigung der Weimarer Regierung diskutiert wurde, als handele es sich um das Normalste der Welt.

Generalstaatskommissar von Kahr sowie die beiden anderen starken Männer Bayerns, von Seißer und von Lossow unterstützten selbst Umsturzbemühungen in Berlin, nämlich die Pläne des Chefs der Heeresleitung, General Hans von Seeckt, der in Berlin statt der Regierung ein Direktorium mit diktatorischen Vollmachten einrichten wollte. Jedoch sollte es keinen gewalttätigen Umsturz gegeben, sondern dieses Direktorium sollte durch den Reichspräsidenten Ebert eingesetzt werden.

Auch diese offensichtliche Sympathie eines Teils der führenden Politiker Bayerns hilft, das milde Urteil gegen Hitler zu verstehen, denn wie hätte Hitler wegen Hochverrats zu einer schweren Strafe verurteilt werden können, wenn im gleichen Prozeß das Triumvirat zugegeben hatte, daß es ebenfalls den Umsturz im Berlin im Schilde führte, ohne dafür juristisch belangt zu werden?

Zudem zeigte sich überhaupt in der Republik und speziell in Bayern in politischen Prozessen die Tendenz, rechte Straftäter mild und linke Straftäter hart zu bestrafen. Wie oben ausgeführt wurden letztlich auch aus dieser Motivation heraus die Volksgerichte beibehalten, gegen die keine Revision oder Wiederaufnahme möglich war.

Auch die Verurteilung und anschließende Begnadigung des Eisner-Mörders Graf Arco-Valley sowie das Urteil gegen Hitler zeigen die politische Einstellung des Richters Georg Neithardt und seiner Vorgesetzten, die Neithardt letztlich auch noch beförderten.

Auf der anderen Seite zeigt die Eingliederung der rechten und rechtsextremen Kampfverbände in die Wehrmacht darüber hinaus die mangelnde Distanz der Machthaber in Bayern zu den Feinden der Republik. Daß das milde Hitler-Urteil auch Teil eines Handels gewesen sein kann, mit dem das Schweigen der Angeklagten über die Verbindung des bayerischen Staates mit den Kampfverbänden erkauft wurde, legt Heinrich Hannover nachvollziehbar dar.

Daß sich die bayerische Justiz, voran der Richter Georg Neithardt, weigerte, Adolf Hitler auszuweisen, wie es das Republikschutzgesetz zwingend vorschrieb, läßt sich indes nur mit Rechtsbeugung erklären. An keiner Stelle des gesamten Prozesses zeigt sich die Sympathie der handelnden Justiz dermaßen deutlich wie an dieser.

7. Die Folgen

Die unmittelbarste Folge der milden Urteile gegen Adolf Hitler war, daß dieser bereits nach seiner frühzeitigen Entlassung aus der Festungshaft im Dezember 1924 seine Arbeit am Aufbau der zu dem Zeitpunkt durch den Generalstaatskommissar von Kahr verbotenen NSDAP fortsetzen konnte. Ihm gelangen schließlich der politische Aufstieg zum Reichskanzler und die Einrichtung der barbarischsten Diktatur auf deutschem Boden.

Dabei erinnerte er sich sehr wohl an Richter Neithardt, der ihn so schnell wieder auf freien Fuß setzte. Neithardt machte Karriere im Hitler-Regime. Zu seiner Beerdigung 1941 ließ Hitler einen Efeukranz an dessen Sarg niederlegen.[125]

Generalstaatskommissar von Kahr wurde bereits 1934 in einem KZ von den Mördern Hitlers im Konzentrationslager Dachau getötet.[126]

Hitler selbst machte sich über die bayerische Justiz, die ihn für kurze Zeit in Festungshaft nahm und dann wieder laufen ließ, in Tischgesprächen lustig. Dabei ließ er keinen Zweifel daran, daß er selbst im umgekehrten Fall ohne falsche Sentimentalität durchgegriffen hätte.[127]

---

[125] vgl. Gritschneder, Otto: Der Hitler-Prozeß und sein Richter Georg Neithardt, München 2001, S. 82f
[126] vgl. ebd. S. 157
[127] vgl. ebd. S. 11

8. Fazit

Der Hitler-Prozeß, sowie der vorangegangene Putsch, belegen einmal mehr, wie wenig die Weimarer Republik in der Lage war, sich gegen ihre Feinde insbesondere von rechts zu wehren. Die wesentlichen Gründe dafür dürften zum einen in der schwierigen Lage, in der sich die Republik gerade im Krisenjahr 1923 befand, zu suchen sein, auf der anderen Seite in dem Umstand, daß Justiz und Verwaltung zu dem Zeitpunkt über keinerlei demokratische Tradition verfügten. Während der Generalstreik zur Bekämpfung des Kapp-Putsches zeigte, daß die arbeitende Bevölkerung bereit war, die Demokratie zu verteidigen, hatte sich diese Einstellung in Verwaltung und Justiz nur vereinzelt durchgesetzt. Hierin dürfte die wesentliche Schwäche des jungen demokratischen Systems gelegen haben.

Es läßt sich indes trefflich darüber spekulieren, wie die Geschichte verlaufen wäre, wenn sich Bayern nicht über das Republikschutzgesetz hinweggesetzt und Hitler an den Staatsgerichtshof in Leipzig ausgeliefert hätte. Wie wäre es gekommen, wenn Hitler und seine Helfer dort wegen Hochverrats zum Tode verurteilt, Hitler aber mindestens aus Deutschland ausgewiesen worden wäre?

Einmal mehr zeigt sich, wie notwendig es für einen Staat ist, daß die Staatsgewalt tatsächlich auch im gesamten Staatsgebiet durchgesetzt werden kann, und wie notwendig für das Bestehen der Demokratie eine unabhängige Justiz ist, die das Recht ohne Ansehen der Person anwendet.

Im Hinblick auf die Literaturlage bezüglich des Hitler-Putsches und des anschließenden Prozesses läßt sich sagen, daß diese Vorgänge mittlerweile gut dokumentiert sind. Es liegen ausführliche Berichte über die Vorgänge um den Hitler-Prozeß vor. Etwas zwiespältig zeigt sich indes die Materiallage über die Presseveröffentlichung um den Hitlerprozeß. Gerade in diesem Bereich der Presseberichterstattung zum Prozeß wären sicher noch weitere interessante Felder der Quellenforschung zu finden.

Personelle Kontinuität oder Neuanfang?

Die Entnazifizierung der deutschen Polizei nach 1945

Seminararbeit vom März 2005

1. Entnazifizierung der Polizei - Einführung

Nach der Befreiung Deutschlands vom Nationalsozialismus stellte sich für die Besatzungsmächte Großbritannien, USA, Frankreich und die Sowjetunion die Frage nach der Gewährleistung der Sicherheit für die Besatzungskräfte und die Bevölkerung im besetzen Gebiet. In diesem Rahmen spielten auch unterschiedliche Überlegungen über die Gestaltung der deutschen Polizei eine Rolle.

Hier stellte sich wiederum die Frage, in welchem Umfang auf die vorhandenen Polizeistrukturen zurückgegriffen werden sollte und konnte, und wie eine Säuberung der Polizei von durch Beteiligung an nationalsozialistischen Verbrechen belastete Personen durchgeführt werden sollte. In welchem Ausmaß konnte Verstrickung in die Taten des NS-Regimes geduldet werden, und wie weit war es möglich, eine personelle Säuberung vorzunehmen, ohne die Funktionsfähigkeit der Polizei zu beeinträchtigen?

In der vorliegenden Arbeit soll untersucht werden, inwieweit in der Besatzungszeit im Rahmen der Reformen der Polizei die Entnazifizierung durchgeführt, beziehungsweise nach welchen Kriterien Personal entlassen oder beibehalten wurde. Dabei steht die britische Besatzungszone im Mittelpunkt dieser Hausarbeit.

Zunächst soll das Entnazifizierungsverfahren an sich und anschließend die Struktur der Polizei im Dritten Reich kurz umrissen werden, gefolgt von einem kurzen Abriß der Planungen der britischen Regierung bezüglich der Polizei und der Beurteilung der deutschen Polizei durch die beteiligten britischen Institutionen.

Im Anschluß daran sollen die Maßnahmen der Entnazifizierung der Polizei in der britischen Besatzungszone untersucht werden. Dabei steht in besonderem Interesse, ob es personelle Kontinuitäten gibt, sowie die Frage, welche Prioritäten bei der Entnazifizierung gesetzt wurden. In einem Fazit soll dann eine Zusammenfassung der Erkenntnisse erfolgen.

2. Polizei im Dritten Reich und die britischen Planungen

2.1. Die Polizei im Dritten Reich

Die deutsche Polizei war im Dritten Reich »eine feste Stütze des Regimes, und sie hat sich tief in dessen Verbrechen verstrickt«[128]. Von Anfang an wurde die Politisierung und die Militarisierung der Polizei vorgenommen. Politisch mißliebige Polizisten wurden entlassen, wenngleich auch nicht in so hoher Anzahl wie anfangs vermutet wurde.[129]

Von Anbeginn an betrieben die Nationalsozialisten die Zentralisierung der Polizei, die mit der Gleichschaltung der Länder und die Übernahme der bisherigen Länderkompetenzen durch das Reich einen vorläufigen Höhepunkt und der Berufung Heinrich Himmlers zum »Reichsführer-SS und Chef der deutschen Polizei im Reichsministerium des Innern« ihren Abschluß fanden.[130] Die Polizei der Länder und Gemeinden, die Vewaltungspolizei, das Feuerlöschwesen und die Technische Nothilfe wurden zur Ordnungspolizei zusammengefaßt, die politische Polizei und die Kriminalpolizei wurden zur Sicherheitspolizei zusammengelegt und vom SS-Gruppenführer Reinhard Heydrich befehligt.[131]

Die kasernierten Polizeibereitschaften wurden in Landespolizei umbenannt, militärisch aufgerüstet und schließlich in die Wehrmacht überführt. Im April 1933 wurde die Geheime Staatspolizei eingerichtet, die als politische Polizei vor allem die Verfolgung politisch

---

[128] Noethen, Stefan, Alte Kameraden und neue Kollegen, Köln 2002, S. 23
[129] vgl. Weinhauer, Klaus, Schutzpolizei in der Bundesrepublik, Paderborn 2003, S. 45
[130] vgl. Noethen, Stefan, Alte Kameraden und neue Kollegen, S. 25
[131] vgl. ebd.

Mißliebiger zur Aufgabe hatte und auch an der Verfolgung und Ermordung der Juden in Osteuropa wesentlichen Anteil hatte.

Die Militarisierung wie auch die Verreichlichung der Polizei verstieß gegen die Bestimmungen, die die Siegermächte über Deutschland verhängt hatten Jedoch erhoben diese keinen Protest gegen die Maßnahmen.[132]

Auch verschiedene Rechte wurden dramatisch eingeschränkt. Die Polizei hatte die Möglichkeit, Personen unbegrenzt in sogenannte »Schutzhaft« zu nehmen, ohne daß sie dagegen Rechtsmittel hätten einlegen können.[133]

Bemerkenswert ist, daß es innerhalb der Polizei nach der Machtübernahme durch Hitler kaum personelle Säuberungen gegeben hat. Hier wurde vor allem in der Führungsspitze der Polizei mißliebiges Personal entlassen. »Aus der preußischen Schutzpolizei wurden immerhin 7.3 % der Offiziere, jedoch nur 1.7 % der Beamten der Wachtmeisterdienstgrade entlassen.«[134]

Die uniformierte Polizei hat den NS-Staat von Anfang an bei den Repressionen gegen die politischen Gegner unterstützt und auch Konzentrationslager bewacht. Ab 1936 hatte sie alle Maßnahmen der Gestapo zu unterstützen und war somit auch formal zu ihrem Hilfsorgan geworden.[135]

2.2. Britische Planungen für die Besetzung Deutschlands

Bei den Planungen für das Nachkriegsdeutschland zeigte sich das Außenministerium Großbritanniens

---

[132] vgl. ebd. S. 26 bis 29
[133] vgl. ebd. S. 28
[134] vgl. ebd. S. 35
[135] vgl. Stefan Noethen, Alte Kameraden und neue Kollegen, S. 36-37

federführend und griff bei den Planungen auf die Maß-
gaben zurück, mit denen Großbritannien auch in den
Kolonien regierte, nämlich dem Prinzip der indirekten
Herrschaft (»indirect rule«). Dieses Prinzip beinhaltete
die weitgehende Beibehaltung von Verwaltung und
Machteliten und tauschte nur die Führungselite aus.[136]

Im Rahmen der Planungen des britischen Außenministeriums für die Nachkriegszeit wurden auch Studien über
die deutsche Polizei erstellt. Hier ist bemerkenswert,
daß in diesen Studien eine sehr detaillierte Kenntnis der
deutschen Verwaltungsstrukturen zum Ausdruck
kommt. Auf der anderen Seite fanden die Verbrechen,
die durch die uniformierte Polizei begangen wurden,
kaum Erwähnung, wenngleich der britische Geheimdienst durch das Abhören von Funksprüchen und sonstigen Informationen, die teils auf geheimdienstlichen
Wegen beschafft wurden, gut Bescheid wußte. Offensichtlich stellte dieser seine Informationen nicht dem
Außenministerium zur Verfügung, wenngleich die Verbrechen, die auch von der uniformierten Polizei begangen wurden, zu einem Teil in der Öffentlichkeit bekannt
waren.[137]

Das britische Außenministerium verfolgte weiterhin das
Prinzip der indirekten Herrschaft und sah in ihren Planungen vor, die deutsche Polizei möglichst schnell in
den Zustand zu versetzen, im Nachkriegsdeutschland
für Ordnung zu sorgen. Es sollte weitgehend vermieden
werden, daß britische Kräfte in Deutschland die Aufgaben der Polizei wahrnehmen mußten. Grundsätzlich
sollte nach den ersten Planungen des britischen Außenministeriums nach einer Besetzung Deutschlands »die

---

[136] vgl. Stephan Linck, Der Ordnung verpflichtet: deutsche Polizei
1933 – 1949: Der Fall Flensburg, Paderborn 2000
[137] vgl. Stefan Noethen, Alte Kameraden und neue Kollegen, S. 61 -
65

Verhaftung aller Reichsminister, aller Parteiführer bis
zu den Kreishauptstellenleitern, aller SS-Offiziere, SA-
Führer vom Sturmbannführer aufwärts und aller höheren HJ-Führer«[138] stattfinden. Auch Staatssekretäre,
Ministerialdirektoren, Landräte und Oberbürgermeister
sollten entlassen werden, die anderen früheren Beamte
hingegen sollten bleiben dürfen.[139]

In diesen Planungen kommt bereits zum Ausdruck, daß
die Wiederherstellung des öffentlichen Lebens Priorität
genoß, jedoch nicht den Motiven gerecht wurde, die die
Besetzung Deutschlands begründeten, nämlich die Beseitigung des NS-Systems, das »in seinem Vernich-
tungswahn Verbrechen ohne Vergleich begangen
hatte«[140].

Das britische Prinzip der indirekten Herrschaft wurde
schließlich auch in der Direktive CCS 551 des Com-
bined Chiefs of Staff, des britisch-amerikanischen Ge-
neralstabschefs, genannt. Diese Direktive enthielt auch
die Anweisung, die NSDAP schnellstmöglich aufzulösen, die führenden Persönlichkeiten von Staat und Partei
sowie Kriegsverbrecher festzunehmen, die Akten von
Partei, Staat und Militär zu sichern.[141]

Zur Erleichterung der Durchführung der Direktiven
wurde an die Kommandeure der Truppen ein etwa 300
Seiten starkes Handbuch ausgegeben, welches von einem Spezialstaab von SHAEF, den Oberbefehlshabern
der britischen und amerikanischen Truppen, erstellt
worden war. Zudem wurde ein »Technical Manual -
Public Safety« herausgegeben, in dem die Rekonstruk-
tion der Polizei genauer beschrieben wurde, deren Verwendung in der Situation der Gesetzlosigkeit für not-

---

[138] Stephan Linck, Der Ordnung verpflichtet, S. 181
[139] vgl. ebd.
[140] ebd.
[141] vgl. Stefan Noethen, Alte Kameraden und neue Kollegen, S. 71

wendig erachtet wurde, weil soziale Unruhen die Besetzung gefährden konnten.[142]

Insgesamt waren die britischen Planungen von militärischem Pragmatismus und dem Prinzip der indirekten Herrschaft geprägt. Mit Hilfe der deutschen Polizei, deren Verbrechen offensichtlich durch den Geheimdienst nicht oder nicht in vollem Umfang an das Außenministerium berichtet wurden, sollte die Ordnung im Nachkriegsdeutschland aufrechterhalten werden. Die Entnazifizierung wurde demgegenüber als nachrangiges Problem betrachtet, von dem in erster Linie ohnehin nur die Führungspersönlichkeiten der deutschen Sicherheitskräfte betroffen waren.

---

[142] vgl. ebd. S. 76

3. Das Verfahren der Entnazifizierung

Auf der Konferenz von Jalta Anfang Februar 1945 wurde zwischen Großbritannien, der Sowjetunion und den USA darüber verhandelt, wie mit einem Nachkriegsdeutschland umzugehen sei. Zwar konnten sich die drei Mächte im Wesentlichen nicht auf eine gemeinsame Deutschlandpolitik einigen, wurden sich jedoch in einem Punkt einig, nämlich »in ihrem unbeugsamen Willen, „den deutschen Militarismus und Nazismus zu vernichten und die Garantie dafür zu schaffen, dass Deutschland nie wieder in der Lage sein wird, den Weltfrieden zu brechen".«[143]

Zu diesem Zweck sollten die Kriegsverbrecher vor ein internationales Tribunal gestellt und »„alle nazistischen und militärischen Einflüsse aus öffentlichen Einrichtungen, dem Kultur- und Wirtschaftsleben des deutschen Volkes" entfernt werden.«.[144] In diesem Rahmen sollten die NSDAP so wie die ihr angeschlossenen Organisationen aufgelöst und die Symbole der NS-Herrschaft verboten werden.

Die führenden Personen aus Staat und Partei sollten festgenommen und interniert werden, wobei insbesondere die Sicherheitsinteressen der Alliierten im Vordergrund standen. In diesem Zusammenhang wurde der »Automatische Arrest« durchgeführt, in dessen Rahmen NS-Aktivisten, die als gefährlich galten oder möglicherweise in Verbrechen verstrickt waren, festgenommen werden sollten. Zwischen Sommer 1945 und Sommer 1949 waren in der britischen Besatzungszone ca. 90 800 Personen interniert, wobei dieser vorbeugenden Maßnahme keine individuelle Schuldzuweisung zugrunde

---

[143] Peter Reichel, Vergangenheitsbewältigung in Deutschland. München 2001, S. 30
[144] ebd.

lag.[145]

Im Frühjahr 1946 wurden die Deutschen an dem Verfahren zur Entnazifizierung beteiligt, nämlich mit dem »Gesetz zur Befreiung von Nationalsozialismus und Militarismus und der Einführung des sogenannten Spruchkammerverfahrens«[146]

Die deutschen Entnazifizierungsjuries sollten mit Personen besetzt werden, »die „in sozialer und politischer Hinsicht dafür geeignet" waren«[147], also vor allem Personen, die im Widerstand gegen die NS-Diktatur standen, beziehungsweise von ihr geschädigt wurden, was auch dazu führte, daß viele SPD-Mitglieder und Gewerkschafter dieser Kammern angehörten.

Die Personen, die sich vor diesen Kammern zu verantworten hatten, wurden in fünf Gruppen eingeteilt, nämlich in die Kategorien I Hauptschuldige, II Belastete, III Minderbelastete, IV Mitläufer und V Entlastete.[148]

Zu den Hauptschuldigen wurden die Personen gerechnet, die aktiv an den Verbrechen des NS-Staates beteiligt waren, darunter auch die Mitglieder der Gestapo. Als belastet galt, wer »als Spitzel oder Denunziant zur Schädigung von Opfern und Gegnern des NS beigetragen hatte«[149], beziehungsweise Nutznießer aufgrund seiner Mitgliedschaft in der NSDAP war. Je nach Verstrickung konnten Belastete allerdings auch als Minderbelastete eingestuft werden.

---

[145] vgl. Frank Lieber, »Die Dinge müssen zur Ruhe kommen, man muß einen Strich dadurch machen«, in: Gerhard Fürmetz/Herbert Reinke/Klaus Weinhauer (Hrsg.), Nachkriegspolizei. S. 72

[146] Peter Reichel, Vergangenheitsbewältigung in Deutschland, S. 32

[147] Noethen, Stefan, Alte Kameraden und neue Kollegen

[148] vgl. Stefan Noethen, Alte Kameraden und neue Kollegen, Polizei in Nordrhein-Westfalen 1945-1953, Essen 2002, S. 239, sowie Peter Reichel, Vergangenheitsbewältigung in Deutschland, S. 33

[149] Stefan Noethen, Alte Kameraden und neue Kollegen, S. 239

Minderbelastete waren Personen, die nur eine nominelle Mitgliedschaft bei der NSDAP oder anderen Organisationen hatten, dort also nur ihre Beiträge bezahlten, beziehungsweise Anwärter für die NSDAP waren. Entlastete waren alle anderen Personen, beziehungsweise auch solche, die aktiv Widerstand gegen den NS-Staat geleistet hatten.[150]

In den entsprechenden Abstufungen gab es dann auch Sanktionsmaßnahmen gegen die in die entsprechenden Kategorien eingereihten Personen, die über Reisebeschränkungen und Meldepflicht bis hin zu Degradierung, Gehaltskürzungen und Aberkennung des passiven Wahlrechts reichten.[151]

Gegen die Entscheidung der Spruchkammern war Beschwerde möglich, und so konnte auch so mancher Polizeibeamter schließlich seine Herabstufung und Wiedereinstellung erreichen.[152]

Mit der Zuspitzung des Kalten Krieges verloren die West-Alliierten das Interesse an der Fortsetzung der Säuberungsmaßnahmen und zu Beginn der 50er Jahre wurden die Entnazifizierungsmaßnahmen abgeschlossen.[153]

---

[150] vgl. ebd.

[151] vgl. ebd.

[152] vgl. Klaus Weinhauer, Schutzpolizei in der Bundesrepublik, Paderborn 2003, S. 49

[153] vgl. Helmut M. Müller, Schlaglichter der deutschen Geschichte, Leipzig, Mannheim 2004, S. 312

4. Entnazifizierung   unter   britischer Besatzung

4.1. Erste Maßnahmen

Nach dem Einmarsch der britischen Truppen war der militärische Nachrichtendienst FSS (Field Secury Section) für die Verhaftung der mutmaßlichen Kriegsverbrecher zuständig. Bereits hier wurden auch die deutschen Polizeikräfte herangezogen, um die britischen Besatzungskräfte bei der Suche und Verhaftung der Kriegsverbrecher, sowie jener, die unter den automatischen Arrest fielen, zu verhaften und an die Streitkräfte auszuliefern. Auf der Stelle zu verhaften waren:

»(a) alle Polizeipräsidenten und Polizeidirektoren;

(b) alle Angehörigen der Gestapo und des Sicherheitsdienstes der SS;

(c) alle Angehörigen der Verwaltungspolizei, die der Gestapo zur Beschäftigung überwiesen worden sind [...];

(d) alle Offiziere der Ordnungs- oder Kriminalpolizei in einem höheren Range als dem eines Oberstleutnants oder eines gleichgestellten Ranges;

(e) alle Angehörigen der Polizei, die Offiziere der SS, SA, [des] NSKK oder [des] NSFK waren oder die ein Parteiamt der NSDAP im Range eines Ortsgruppenleiters oder in einem höheren Range oder ein Amt in der Hitlerjugend mit dem Range eines Bannführers oder einem höheren Range bekleidet haben;

(f) alle weiteren Personen, die seitens des Spionageabwehrdienstes oder der Alliierten Militärregierung bezeichnet werden«[154]

In dieser ersten Phase der Entnazifizierung wurden »alle Beamte beurlaubt, die vor dem 1. April 1933 in die NSDAP, die SS oder in die SA eingetreten waren«[155], später wurden die suspendierten Beamten entlassen.

Viele jener, die Verantwortung im Dritten Reich getragen haben, hatten sich jedoch vor dem Einmarsch der Truppen abgesetzt, der Internierung durch Selbstmord entzogen, waren bereits in Gefangenschaft geraten oder im »auswärtigen Einsatz« gefallen. Als die britischen Truppen ins Rheinland einmarschierten, fanden sie dort an vielen Stellen praktisch keine Polizeidienststellen mehr vor. Hinzu kam, daß sich die Polizeidienststellen angesichts der vorrückenden Alliierten ins Hinterland verlegt hatten.[156]

Die Vernichtung von Akten wurden durch die Alliierten Streitkräfte mit dem der Todesstrafe bedroht. Dies sollte verhindern, daß wichtige Beweisstücke vernichtet würden[157], was jedoch schon zu einem nicht unerheblichen Teil im Vorfeld der Besetzung Deutschlands geschehen war.

Mit Zuständigkeit für die Belange der Polizei wurde in der britischen Besatzungszone der *Public Safety Branch* eingerichtet, der für die öffentliche Sicherheit und die Kontrolle der Polizei zuständig war. Bezüglich der Polizei hatte der *Public Safety Branch* die Möglichkeit, in die organisatorische Ausgestaltung über die Einsätze bis hin zu Personalfragen in die Polizei einzugreifen. Der *Public Safety Officer* sollte selbst nicht polizeilich tätig

---

[154] Frank Liebert, Die Dinge müssen zur Ruhe kommen, man muß einen Strich dadurch machen, S. 74-75
[155] Klaus Weinhauer, Schutzpolizei in der Bundesrepublik, S. 49
[156] vgl. Stefan Noethen, Alte Kameraden und neue Kollegen, S. 83 - 84
[157] vgl. ebd. S. 87

werden, sondern war praktisch Vorgesetzter der Poli-
zeibehörde und wurden auch als solche betrachtet.[158]

4.2. Entnazifizierung und Personalpolitik

Das Nürnberger Militärtribunal erklärte in einem Urteil
»das Führerkorps der NSDAP (vom Ortsgruppenleiter
an aufwärts), die SS, den SD der SS und die Gestapo
einschließlich der Grenzpolizei zu „verbrecherischen
Organisationen"«[159].Feld-, Ordnungs- und Kriminalpolizei wurden jedoch nicht zu »verbrecherischen Organisationen« erklärt, was sich auch auf die Entlassungspra-
xis der automatisch Festgenommenen in den Internie-
rungslagern auswirkte. Während nun die Angehörigen
der verurteilten Organisationen sich vor einem Strafge-
richt würden verantworten müssen, wurden teilweise
sogar die Führer von Kriminal- und Ordnungspolizei
vom britischen Review & Interrogation Staffs vorläufig
als *Mitläufer* oder *Entlastete* eingestuft und freigelassen
- obwohl sie teilweise hohe SS-Angleichungsränge
bekleideten. Die Endgültige Entscheidung über die
Einreihung in eine der fünf Kategorien traf ein lokaler
Ausschuß in der Heimatstadt der Betroffenen.[160]

Mit der Kontrollratsanweisung Nr. 24 vom 12. Januar
1946 wurden die Entnazifizierungsrichtlinien in den
Besatzungszonen vereinheitlicht. Für die Polizeiangehö-
rigen wurden in der britischen Zone Fragebogen mit 133
Fragen ausgegeben, zudem enthielt die Richtlinie detaillierte Anweisungen darüber, welche Personengrup-
pen zu entlassen waren.[161]

---

[158] vgl. ebd. S. 97
[159] Stefan Noethen, Alte Kameraden und neue Kollegen, S. 224
[160] vgl. Frank Liebert, »Die Dinge müssen zur Ruhe kommen, man
muß einen Strich dadurch machen«, S. 76
[161] vgl. Stefan Noethen, Alte Kameraden und neue Kollegen, S. 230 -
232, auch Klaus Weinhauer, Schutzpolizei in der Bundesrepublik,
S. 49

Das Problem der Fragebögen war, daß die Richtigkeit der Angaben nicht überprüft werden konnten, es sei denn, daß Akten oder Zeugen vorhanden waren. Insofern dürften die Betroffenen, sofern sie sich sicher sein konnten, daß ihre Verstrickung nicht nachprüfbar war, in den Fragebögen Mitgliedschaften in Organisationen, aufgrund derer sie die Entlassung fürchten mußten, verschwiegen haben, woran auch der Umstand nichts geändert haben dürfte, daß Falschangaben im Fragebogen strafbar waren.

Zu Rechtfertigungsstrategien wurden auch die Legenden von der Dienstgradangleichung und von der Zwangsmitgliedschaft in der NSDAP, der angeblich die Polizeibeamten unterworfen waren.[162]

Die amerikanische Militärregierung richtete in Berlin das »Berlin Document Center« ein, in dem noch vorhandene Unterlagen zusammengetragen wurden. Mit Hilfe dieses Zentrum war es ab 1947 mehrfach möglich, Fälle von Fragebogenfälschungen aufzudecken, wie zum Beispiel den Fall des stellvertretenden Regierungsbezirks-Polizeichefs in Aachen, Wolfgang Müller. Der Polizeirat wurde entlassen und wegen der Fälschung zu einer sechsmonatigen Gefängnisstrafe verurteilt.[163]

Waren jedoch keine Unterlagen mehr vorhanden, war der Gegenbeweis schwierig Insofern dürfte es eine Dunkelziffer von Fragebogenfälschern geben, die nie aufgeflogen sind.

Ein weiteres Dilemma, vor der die britische Besatzungsmacht stand, war die Personalnot bei der Polizei, die ohnehin vorhanden war, und die bei einer strengen Entnazifizierung noch verschärft würde. Das Prinzip der indirekten Herrschaft bedeutete für die britischen Besat-

---

[162] vgl. ebd. S. 482 und 487
[163] vgl. Stefan Noethen, Alte Kameraden und neue Kollegen, S. 288

zer, daß sie auf die deutschen Polizeikräfte angewiesen waren, wollte sie deren Arbeit nicht durch eigene Truppen erledigen lassen. Das Ziel, eine handlungsfähige Polizei zu haben, konnte jedoch durch die Verstrickung der Polizei mit den NS-Verbrechen leicht in Konflikt geraten. Wie oben schon beschrieben waren in den Planungen des britischen Außenministeriums in diesem Zielkonflikt das Prinzip der indirekten Herrschaft vorrangig vor der Entnazifizierung.

Insbesondere bei der Kriminalpolizei stellte sich dieser Konflikt, weil hier die Personalnot nicht durch angelernte oder kurzfristig eingewiesene Kräfte behoben werden konnte, sondern weil Kriminalbeamte bestimmte und spezielle Fähigkeiten und eine entsprechende Ausbildung haben mußten. Folgerichtig gab es auch in dem SHAEF-Handbuch entsprechende Möglichkeiten, von den Entlassungsrichtlinien Ausnahmen zu machen, nämlich dann, wenn die Betroffenen aus sachlichen Gründen benötigt würden.[164] Die entsprechenden Positionen mit Gegnern des Nationalsozialismus zu besetzen war kaum möglich, weil es kaum Exil-Kriminalbeamte gab, die unter der NS-Regierung entlassen worden waren.[165]

Jedoch duldete die britische Militärregierung keine belasteten höheren Polizeibeamte. Empfahl ein Entnazifizierungsausschuß die Entfernung aus dem Amt, kam die Militärregierung dieser Aufforderung in der Regel nach.[166]

4.3. Die »131er«

Der Artikel 131 Grundgesetz gab dem Bundesgesetzgeber auf, »die Rechtsverhältnisse von Personen ein-

---

[164] vgl. ebd. S. 187 und 191
[165] vgl. ebd. S. 130
[166] vgl. ebd. S. 143-144

schließlich der Flüchtlinge und Vertriebenen, die am 8. Mai 1945 im öffentlichen Dienste standen, aus anderen als beamten- oder tarifrechtlichen Gründen ausgeschieden sind und bisher nicht oder nicht ihrer früheren Stellung entsprechend verwendet werden«[167], in einem Bundesgesetz zu regeln. Mit dem Bundesgesetz, welches am 11. Mai 1951 verkündet wurde, »wurden die öffentlichen Arbeitgeber verpflichtet, mindestens 20 Prozent ihrer Planstellen für „Unterbringungsteilnehmer" vorzusehen«[168]. Ebenfalls waren 20% des Besoldungsaufwandes für diese Personengruppe aufzubringen.

Mit diesem Gesetz sollten all jene Beamte, Angestellten und Arbeiter untergebracht werden, deren Dienststelle nach dem 8. Mai 1945 weggefallen war, »„ohne dass ihre Aufgaben bis zum 23. Mai 1949 ganz oder überwiegend von einer anderen deutschen Dienststelle übernommen worden" waren«[169]. Diese Beamten konnten nun wieder ihren alten Titel führen mit dem Zusatz »zur Wiederverwendung« (z. Wv.).

In § 3 des Gesetzes wurden die Personen aufgeführt, die nicht in den Genuß der Unterbringungspflicht des öffentlichen Dienstes kommen sollten. Dies waren vor allem Personen, die zuvor im Rahmen der Entnazifizierungsverfahren oder Strafverfahren im Zusammenhang mit Verbrechen der NS-Zeit verurteilt wurden. Eine »Renazifizierung« war also nicht vorgesehen.[170]

Die Unterbringungsverpflichtung brachte für die Bundesländer den Vorteil mit sich, daß die untergebrachten Beamten durch den Bund besoldet wurden. Erfüllte das jeweilige Bundesland die Unterbringungquote nicht,

---

[167] Artikel 131 Grundgesetz
[168] Klaus Weinhauer, Schutzpolizei in der Bundesrepublik, S.122
[169] Stefan Noethen, Alte Kameraden und neue Kollegen, S. 367
[170] vgl. ebd.

mußte es einen Ausgleich an den Bund zahlen. Dabei konnten allerdings auch Beamte angerechnet werden, die unter die Regelungen des Gesetzes fielen, jedoch schon angestellt waren.[171] Bei der Polizei waren von dieser Regelungen jedoch die Stellen des höheren Dienstes betroffen.

Am Beispiel der Polizeidirektion Bielefeld läßt sich ablesen, daß sich im Gehobenen Dienst der Anteil der 131er zwischen 40% und 60% bewegt, im Mittleren und Höheren Dienst bei 20% liegt.[172] Bei einer solchen Entwicklung tat sich die Sorge auf, daß durch die Wiedereinstellung von »alten Kameraden« die Aufstiegschancen der jüngeren und unbelasteten Beamten geschmälert werden können.

Die Formulierung, daß ehemalige Angehörige der *Geheimen Staatspolizei* wieder eingestellt werden konnten, wenn sie »von Amts wegen« zur Gestapo versetzt wurden, ließ indes Spielraum für Interpretationen, nämlich ob die Beamten »gegen ihren Willen«, »ohne eigenes Verlangen« oder einfach nur »ohne ihr Dazutun« versetzt wurden. Da die Kriminalpolizei bei der Gestapo eingegliedert wurde, konnten viele der ehemaligen Beamten bei günstiger Auslegung auf ihre Wiedereinstellung als »131er« hoffen.[173] Somit fand also die auch vor den Entnazifizierungsausschüssen immer wieder vorgetragene Argumentation der »zwangsweisen« Überstellungen zur Gestapo eine offizielle Beglaubigung.[174]

Auch nach Inkrafttreten des Bundesgesetzes zum Arti-

---

[171] vgl. ebd. S. 368

[172] vgl. Klaus Weinhauer, Schutzpolizei in der Bundesrepublik, S. 124 bis 125

[173] vgl. Stefan Noethen, Alte Kameraden und neue Kollegen, S. 369 bis 370

[174] vgl. Frank Liebert, »Die Dinge müssen zur Ruhe kommen, man muß einen Strich dadurch machen«, S. 97

kel 131 verschwiegen belastete Polizeibeamte weiterhin ihre Verstrickungen, denn diese führten ja auch im Rahmen dieses Gesetzes zum Ausschluß, beziehungsweise zur Nichtaufnahme in den öffentlichen Dienst. So wurden auch in den 50er und mehr noch in den 60er Jahren Polizisten, die inzwischen wieder eingestellt waren, wegen ihrer Verstrickungen in NS-Verbrechen, sofern sie ihnen nachgewiesen werden konnten, verurteilt und aus dem Dienst entlassen.[175]

Die Entnazifizierung selbst war Anfang der 50er Jahre weitgehend abgeschlossen. In den Bundesländern waren Gesetze erlassen worden, mit denen die Entnazifizierungsgremien aufgelöst und die Verfahren eingestellt, sowie teilweise auch Beschränkungen aufgehoben wurden[176]. Somit blieb für die bis dato unentdeckten in die NS-Verbrechen Verstrickten nur noch die juristische Verfolgung.

4.4. Nach dem Abschluß der Entnazifizierung

Mit den abschließenden Regelungen für die Entnazifizierung war diese über die Spruchkammern und Entnazifizierungsausschüsse beendet. Eine allgemeine Sympathie für eine Welle der Amnestierungen griff um sich, die die Regierung in Deutschland auch aus wahltaktischen Gründen für geboten hielt: Mit einem Gesetz, welches kurz vor Weihnachten 1949 im Bundestag verabschiedet wurde, amnestierten die Parlamentarier »in einer bemerkenswerten Verknüpfung von Straftaten, die vor und nach der deutschen Kapitulation begangen worden waren, „vermutlich mehrere zehntausend NS-Täter"«[177]

---

[175] vgl. Stefan Noethen, Alte Kameraden und neue Kollegen, S. 405

[176] vgl. Klaus Weinhauer, Schutzpolizei in der Bundesrepublik, S. 50 und Stefan Noethen, Alte Kameraden und neue Kollegen, S. 279 bis 280

[177] Frank Liebert, »Die Dinge müssen zur Ruhe kommen, man muß

Die Distanzierung von der Nazi-Vergangenheit war für Politiker, Teile der Medienöffentlichkeit und für einige Intellektuelle ein Konstitutionsmerkmal der Demokratie, nicht jedoch für die breite Bevölkerung, die sich einen Schlußstrich unter die NS-Vergangenheit wünschte.[178]

In den 50er Jahren gingen die ehemaligen Polizeiführer des NS-Staates dazu über, die Geschichtsschreibung über die Polizei in diesem Zeitabschnitt zu übernehmen. Dies war deshalb möglich, »weil die akademische Geschichtsforschung sich der Polizei noch nicht angenommen hatte.«[179] Hierbei schrieben sie ihre Sichtweise ihrer Arbeit nieder, selbstverständlich unter Auslassung der Verbrechen, die die Polizei in der NS-Herrschaft begangen hatte. Dabei dienten die Begriffe der »Partisanenbekämpfung« und der »Säuberung« der Vertuschung der Verbrechen an den Juden.[180]

Ermittler, die sich mit der Vergangenheit der »alten Kameraden« befaßten, wurden als Nestbeschmutzer angesehen. Es wurde versucht, angeklagte Beamte zu unterstützen, Absprachen und Vorwarnungen waren die Regel. Ein baden-württembergischer Polizist, der an den Ermittlungen gegen das Polizeibataillon 322 beteiligt war, erinnerte sich: »Wo wir auch hinkamen, alle wußten Bescheid.«[181]

Ende der 50er und Anfang der 60er Jahre wurden die NS-Verbrechen wieder stärker juristisch aufgearbeitet. Es entstanden in den Ländern bei den Justizverwaltungen entsprechende Stellen, die sich mit der Aufklärung befaßten. Von diesen war auch die Polizei betroffen,

---

einen Strich dadurch machen«, S. 96
[178] vgl. Klaus Weinhauer, Schutzpolizei in der Bundesrepublik, S. 126
[179] Stefan Noethen, Alte Kameraden und neue Kollegen, S. 488
[180] vgl. ebd., S. 489
[181] ebd. S. 127

wie zum Beispiel der ehemalige Leiter der Kriminalpo-
lizeistelle Lodz, Dr. Zirpins, dessen Vergangenheit nach
einem Filmbeitrag im NDR vom 30. April 1960 untersucht und auch vor Gericht verhandelt wurde – jedoch
ohne Folge für Zirpins.[182]

Andere Polizeibeamte wurden aufgrund ihrer Verstrickungen in die Verbrechen des NS-Staates verurteilt und
entlassen, so zum Beispiel der Polizeibeamte Walter
Paulikat, der für seine Beteiligung an Verbrechen der
Gendarmerie im polnischen Kreis Mielau wegen Mordes zu lebenslanger Haft verurteilt wurde. Solche Urteile waren jedoch eher selten, zumeist wurden die Beamte wegen Beihilfe zu Mord zu geringeren Strafen
verurteilt.[183]

Insgesamt zeigt sich am Beispiel einer Statistik aus
Schleswig-Holstein vom Sommer 1948, daß die »alten
Kameraden« doch sehr weitgehend wieder integriert
wurden. So gaben 54.8% der Polizeibeamte eine frühere
Mitgliedschaft in der NSDAP, der SS oder der SA an,
15.2% eine Mitgliedschaft in der HJ – unbelastet waren
gerade mal 30.0%. Diese Zahlen zeigen, daß ein Fort-
schreiten der Entnazifizierung zwischen 1947 und 1948
nicht feststellbar war.[184]

---

[182] vgl. Frank Liebert, »Die Dinge müssen zur Ruhe kommen, man
muß einen Strich dadurch machen«, S. 98 bis 100
[183] vgl. Stefan Noethen, Alte Kameraden und neue Kollegen, S. 397
bis 398
[184] vgl. Stephan Linck, Der Ordnung verpflichtet, S. 276

5. Fazit

Die Planungen der britischen Regierung zielten auf das Prinzip der indirekten Herrschaft ab. Teil dieses Konzeptes war die Verwendung der vorhandenen Polizeikräfte, wobei die Entnazifizierung im Beamtenapparat hinter den kolonialen Prinzipien zurückstand. Insbesondere die Beteiligung der Kriminalpolizei an den Verbrechen der NS-Herrschaft wurde ausgeblendet.

Nach dem Einmarsch der britischen Truppen in Deutschland wurden jedoch die Entnazifizierungspläne, die auch mit den USA koordiniert und ausgehandelt waren, allein schon aus Sicherheitsinteressen für die eigenen Truppen entschlossen und nachdrücklich umgesetzt. Auch duldete die britische Besatzung in der Polizeiführung weitgehend keine belasteten Offiziere, wobei jedoch durch den Umstand, daß belastete Persönlichkeiten ihre Vergangenheit verheimlichten und die Fragebögen fälschten eine absolute Sicherheit über die Entnazifizierung nicht möglich war.

Die Maßnahmen der Entnazifizierung wurden mit der Zeit innerhalb der deutschen Bevölkerung, die sich einen Schlußstrich unter die Vergangenheit wünschte, immer unbeliebter. Innerhalb der Polizei trugen neben den persönlichen Verschleierungstaktiken auch Kameradschaftsverbundenheit und Korpsgeist zur Vertuschung von Verbrechen bei. Dennoch wurden über die Zeit belastete Persönlichkeiten enttarnt und – wenn auch teilweise zu milden – Strafen verurteilt.

Die Entnazifizierung konnte im Ergebnis jedoch nicht die Rückkehr zahlreicher belasteter Persönlichkeiten in die Polizei verhindern. »Entnazifizierung« umschrieb in den Jahren nach 1947 nicht mehr die »Säuberung« der Polizeibehörden von Nationalsozialisten, sondern die Reinigung der früheren Mitglieder der NSDAP von ihrer Vergangenheit, zumal, wenn der Chef der Stadtkreis-Polizei Köln angesichts etwa 9% früherer NSDAP-Parteigänger in seiner Behörde verkündete: »Selbstverständlich sind alle diese ehemaligen Mitglieder der NSDAP entnazifiziert.«[185]

»Was als Entnazifizierung gedacht und geplant war, also die Entfernung und Bestrafung der nazistischen Elemente aus der deutschen Gesellschaft, endete als umfassende Rehabilitierungsmaßnahme.«[186]

Im Rückblick läßt sich jedoch sagen, daß die deutsche Polizei in der Demokratie angekommen ist. Dazu war zwar noch ein schwieriger Prozeß in den 50er und 60er Jahren notwendig, der nicht nur mit der Zeit des Nationalsozialismus zusammenhing.

Ein weiterer Beleg, daß dieser Wandel der deutschen Polizei auch international anerkannt wird, ist, daß deutsche Polizisten in anderen Ländern wie dem Irak, der in einer ähnlichen Situation ist wie Deutschland damals, Polizisten ausbilden. Möglicherweise kann die deutsche Erfahrung aus der Vergangenheit hierbei lehrreich sein.

---

[185] Stefan Noethen, Alte Kameraden und neue Kollegen, S. 286
[186] Peter Reichel, Vergangenheitsbewältigung in Deutschland

Literaturverzeichnis

Benbassa, Esther 2005: Risse im Franco-Judaismus. In: Kotowski, Elke-Vera und Julius H. Schoeps (Hrsg.): J'Accuse…! … ich klage an. Zur Dreyfus-Affäre. Berlin-Brandenburg. S. 19-26

Berger, Michael: Der Fall Dreyfus. Frankreichs Armee und der neue Antisemitismus. In: Kotowski, Elke-Vera und Julius H. Schoeps (Hrsg.): J'Accuse…! … ich klage an. Zur Dreyfus-Affäre. Berlin-Brandenburg. S. 47-58

Deutscher Bundestag (Hrsg.): Grundgesetz. Stand: September 2002. Berlin 2003

Dickler, Gerald 1966: Prozesse, die Geschichte machten. Frankfurt am Main und Hamburg. Fischer Bücherei.

Duclert, Vincent 1994: Die Dreyfus-Affäre. Militärwahn, Republikfeindschaft, Judenhaß. Berlin. Verlag Klaus Wagenbach

Gritschneder, Otto: Bewährungsstrafe für den Terroristen Adolf H. München 1990. Verlag C.H. Beck

Gritschneder, Otto: Das mißbrauchte bayerische Volksgericht in: Gruchmann, Lothar und Reinhard Weber mit Otto Gritschneder: Der Hitler-Prozeß 1924. Wortlaut der Hauptverhandlung vor dem Volksgericht München I. München 1997 K. G. Saur

Gritschneder, Otto: Der Hitler-Prozeß und sein Richter Georg Neithardt. München 2001. Verlag C.H.Beck

Gruchmann, Lothar: Der Weg zum Hitler-Putsch: Das Reich und Bayern im Krisenjahr 1923 in: Gruchmann,

Lothar und Reinhard Weber mit Otto Gritschneder: Der Hitler-Prozeß 1924. Wortlaut der Hauptverhandlung vor dem Volksgericht München I. München 1997 K. G. Saur

Hannover, Heinrich und Elisabeth Hannover-Drück: Politische Justiz 1918 – 1933. Bornheim-Merten 1987. Lamuv-Verlag

Huber, Ernst Rudolf: Deutsche Verfassungsgeschichte seit 1789. Band VII Ausbau, Schutz und Untergang der Weimarer Republik. Stuttgart 1984. Verlag W. Kohlhammer

Kotowski, Elke-Vera 2005: Das *corpus delicti*. In: Kotowski, Elke-Vera und Julius H. Schoeps (Hrsg.): J'Accuse...! ... ich klage an. Zur Dreyfus-Affäre. Berlin-Brandenburg. S. 29-32

Kotowski, Elke-Vera 2007: Der Fall Dreyfus und die Folgen. In: Aus Politik und Zeitgeschichte vom 10.12.2007 50/2007 S. 25-32

Liebert, Frank, »Die Dinge müssen zur Ruhe kommen, da muß man einen Strich dadurch machen« - Politische »Säuberung« in der niedersächsischen Polizei 1945 – 1951, in: Gerhard Fürmetz/Herbert Reinke/Klaus Weinhauer, Nachkriegspolizei – Sicherheit und Ordnung in Ost- und Westdeutschland 1945 – 1969, Hamburg 2001

Linck, Stephan, Der Ordnung verpflichtet: deutsche Polizei 1933 – 1949: der Fall Flensburg, Paderborn [u.a.] 2000

Müller, Helmut M., Schlaglichter der deutschen Geschichte, Leipzig – Mannheim 2004, Lizenzausgabe für die Bundeszentrale für politische Bildung

Noethen, Stefan, Alte Kameraden und neue Kollegen, Essen 2002

Pfahl-Traughber, Armin 2007: Ideologische Erscheinungsformen des Antisemitismus. In: Aus Politik und Zeitgeschichte vom 30.07.2007 31/2007 S. 4-11

Reichel, Peter, Vergangenheitsbewältigung in Deutschland, München 2001, Lizenzausgabe für die Bundeszentrale für politische Bildung, Bonn 2003

Toland, John: Adolf Hitler. 1989-1938 Werden und Weg. Führer und Reichskanzler. Bergisch Gladbach 1976. Verlagsgruppe Lübbe GmbH & Co. KG.

Weinhauer, Klaus, Schutzpolizei in der Bundesrepublik: zwischen Bürgerkrieg und innerer Sicherheit: die turbulenten 60er Jahre, Paderborn [u.a.] 2003

Zimmermann, Detlev 2005: Eine Bewährungsprobe für die Republik. In: Kotowski, Elke-Vera und Julius H. Schoeps (Hrsg.): J'Accuse...! ... ich klage an. Zur Dreyfus-Affäre. Berlin-Brandenburg. S. 33-46

Abbildungsverzeichnis

Abbildung 1: Kotowski, Elke-Vera und Julius H. Schoeps (Hrsg.): J'Accuse...! ... ich klage an. Zur Dreyfus-Affäre. Berlin-Brandenburg 2005. Verlag für Berlin-Brandenburg. Seite 22.